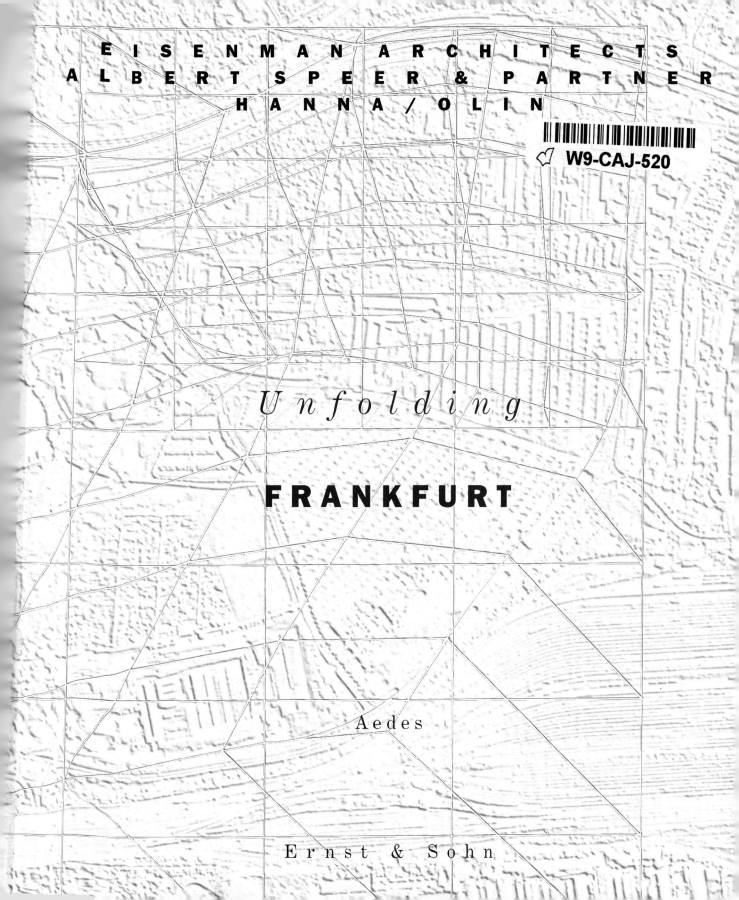

EISENMAN ARCHITECTS
ALBERT SPEER & PARTNER
HANNA / OLIN

Unfolding

FRANKFURT

Aedes

Ernst & Sohn

John Rajchman teaches at the Collège International de Philosophie in Paris. His books include *Philosophical Events and Truth and Eros: Foucault, Lacan, and the Question of Ethics*.

Thanks to Laura Bourland and Cynthia Davidson of Anyone for their help in preparing texts, and to Jason Winstanley of Eisenman Architects for his help in preparing visual material.

© 1991 Ernst & Sohn Verlag für Architektur und technische Wissenschaften, Berlin
ISBN 3-433-02633-5

Translation of Eisenman text: Jörg Gleiter

Translation of Rajchman text: Jörg Gleiter in collaboration with Roland Ganter

Captions texts: Mark Wamble
Translation: Annette Wiethüchter

Photography: Dick Frank Studios

Catalog Designed and Edited by Judy Geib and Sabu Kohso
Typesetting: Judy Geib and Sabu Kohso
Printing: Ruksaldruck GmbH + Co, Berlin

Production: Fred Willer

Eisenman Architects
Architect

Albert Speer & Partner
Consulting Architect

Hanna/Olin, Ltd.
Landscape Architect

Bodeker, Wagenfeld, Niemeyer & Partner
Consulting Landscape Architects

Durth Roos Consulting GmbH
Traffic Planning

Principals-in-charge:
Peter Eisenman, Laurie Olin, Albert Speer
Associate Principal-in-charge:
George Kewin, Gerhard Brand
Project Architects:
Michael Denkel, Jörg Gleiter, Stefan Kornmann, Norbert
Holthausen, Nuno Mateus, Mark Wamble, Matthew
White, Jason Winstanley
Project Team:
Pornchai Boonsom, Justin Korhammer, Luc Levesque,
Greg Merryweather, Karim Musfy, Andrea Stipa,
Marc Stotzer
Project Assistants:
Donna Barry, John Curran, John Durschinger, Nazlie
Gonensay, John Jurayj, Andre Kikoski, Greg Lynn, Ed
Mitchell, Karen Pollock, Madison Spencer

Table of Contents
Inhaltsverzeichnis

Unfolding Events: Frankfurt Rebstock and the Possibility of a New Urbanism

Sich entfaltende Ereignisse: Der Frankfurter Rebstock und die Möglichkeit eines neuen Städtebaus.

Peter Eisenman

"The entry of Germany on the scene of philosophy implicates the entire German spirit which, according to Nietzsche, presents little that is deep but full of foldings and unfolding."

Gilles Deleuze, *Le Pli*

"The German soul is above all manifold *(Vielfältig)* .... its disorder possesses much of the fascination of the mysterious; the German is acquainted with the hidden path of chaos...the German himself is not, he is becoming, he is developing."

Friedrich Nietzsche, *Beyond Good and Evil*

»Mit dem Auftritt Deutschlands auf der Bühne der Philosophie war von Anfang an die ganze deutsche Seele mitbeteiligt, die nach Nietzsche wenig Tiefe hat, aber voll von Faltung und Entfaltung ist.«

Gilles Deleuze, *Le Pli*

»Die deutsche Seele ist vor allem vielfach....ihre Unordnung hat viel vom Reize des Geheimnisvollen; der Deutsche versteht sich auf die Schleichwege zum Chaos....Der Deutsche selbst ist nicht, er wird, er entwickelt sich.«

Friedrich Nietzsche, *Jenseits von Gut und Böse*

In all of the design arts, we are experiencing a paradigm shift from the mechanical to the electronic; from an age of interpretation to an age of mediation. Mechanical reproduction, the photograph, is not the same as electronic reproduction, the facsimile. The former is the essence of reproduction because change can occur from the original; the latter, because there is no change from the original, that is, no interpretation, has no essence at all. While in both cases the value of an original is thrown into question, mediated reproduction proposes a different value system precisely because there is no interpretation. Contemporary media undermine the essence and aura of the original, indeed the very nature of reality. Media environments, such as advertising, or synthetic realities such as Disney World, have now become so potent that they form a new reality. Architecture formerly served as a base line for reality; bricks and mortar, house and home, structure and foundation were the metaphors that anchored our reality. What constitutes this reality today is not so clear.

Traditionally, architecture was place-bound, linked to a condition of experience. Today, mediated environments challenge the givens of classical time, the time of experience. For example, on a Sunday afternoon anywhere in the world, whether it be at the Prado in Madrid or the Metropolitan in New York, there are literally hordes of people passing in front of art works, hardly stopping to see, at best perhaps merely photographing their experience. They not only have no time for the original but even less for the experience of the original. Because of media the time of experience has changed; the sound byte — infinitesimal, discontinuous, autonomous — has conditioned our new time.

Architecture can no longer be bound by the static conditions of space and place, here and there. In a mediated world, there are no longer places in the sense that we used to know them. Architecture must now deal with the problem of the event. Today, rock concerts might be considered the only form of architectural event. People go to rock concerts not to listen, because you cannot hear the music, but in fact to become part of the environment. There is a new type of environment being projected, comprised of light, sound, movement. But this kind of event structure is not architecture standing against media, but architecture being consumed by it. Media deals neither with physical facts nor with interpretation but rather with the autonomous

In allen darstellenden Künsten erfahren wir eine beispielhafte Verschiebung vom Mechanischen zum Elektronischen, vom Zeitalter der Interpretation zu dem der Vermittlung (*mediation*). Die mechanische Reproduktion, die Photographie, ist anders als die elektronische, das Faksimile. Die erstere kann man im Unterschied zur zweiten, bei der keine Veränderung des Originals, d.h. keine Interpretation erfolgt, als eigentliche Reproduktion bezeichnen, da bei ihr Unterschiede zum Original auftreten können. Obwohl in beiden Fällen der Wert des Originals in Frage gestellt wird, stellt die vermittelte (*mediated*) Reproduktion, indem sie nicht interpretiert, ein anderes Wertesystem auf. Die zeitgenössischen Medien unterhöhlen den Charakter und die Aura des Originals und damit das eigentliche Wesen der Realität. Die Welt der Medien, wie etwa die Werbung oder die synthetische Welt von Disney World sind heutzutage so mächtig geworden, daß sie eine neue Realität darstellen. Während die Architektur früher die Basis für Realitäten bildete – Backstein und Mörtel, Haus und Heim, Struktur und Fundamente dienten als Metapher für die Verankerung unserer Realitäten – ist heute nicht mehr so klar, was diese Realitäten bestimmt.

Traditionelle Architektur war an den Ort und damit an die Bedingungen der Erfahrung gebunden. Heute stellt die vermittelte Umwelt die klassische Einheit von Zeit – Zeit als Erfahrung – in Frage. So ziehen sprichwörtlich Horden von Besuchern jeden Sonntag Nachmittag überall auf der Welt, sei es im Prado in Madrid oder im Metropolitan Museum in New York, an Kunstwerken vorbei, um kaum einmal anhaltend wenn es hoch kommt vielleicht gerade noch ein Photo von diesem Erlebnis zu machen. Sie haben nicht nur keine Zeit für das Original, sondern noch weniger für das Erleben des Originals. Die Zeit als Erfahrung hat sich durch die Medien verändert; der »sound byte« – minimalisiert, ohne Kontinuität und autonom – bestimmt unsere neue Zeit.

Architektur kann nicht länger in die statischen Bedingungen von Raum und Ort, hier und dort, eingebunden bleiben. In einer vermittelten Welt gibt es keine Orte mehr in der Art, wie wir sie kennen. Architektur muß sich mit dem Problem des Ereignisses auseinandersetzen. Rockkonzerte sind heute die einzige Form architektonischer Ereignisse. Man geht nicht zu Rockkonzerten, um etwa Musik zu hören, die man auch nicht hören kann, sondern um in der Tat Teil eines Ereignisses zu werden. Es gibt eine neue Art von Umwelt, die aus Licht und Klang und Bewegung besteht.

condition of electronic reproduction. The rock concert with amplified sound and strobe lighting attempts to deny physical presence. This architecture cannot do. However, architecture can propose an alternative, some other kind of event, one in which a displacement of the static environment is not merely an electronic one-liner but rather one in which the interpretation of the environment is problematized, where the event comes between sign and object.

Traditional architectural theory largely ignores the idea of the event. Rather, it assumes that there are two static conditions of object: figure and ground. These in turn give rise to two dialectical modes of building. One mode concerns figure/ground contextualism, which assumes a reversible and interactive relationship between the solid building blocks and the voids between them. A typical example of contextualism would say that there exists in any historical context the latent structures capable of forming a present day urbanism. The other mode concerns the point block or linear slab isolated on a *tabula rasa* ground. Here there is no relationship between old and new or between figure and ground. Rather the ground is seen as a clear neutral datum, projecting its autonomy into the future. In each case, the two terms figure/object and ground are both determinant and all-encompassing; they are thought to explain the totality of urbanism. But as in most disciplines such all encompassing totalities have come into question; they are no longer thought to explain the true complexity of phenomena. This is certainly true of urbanism.

Germany and specifically Frankfurt seem always to clearly trace changes in western urbanism. In the late 18th and early 19th centuries the typical perimeter housing and commercial block of German cities defined both the street space and the interior court space as positive. These spaces seemed literally to have been carved out of a solid block of the urban condition. In the mid-19th century with the development of the grand boulevards and allées, a new kind of spatial structure appeared in German cities. The streets were still positive spaces but were lined with ribbon buildings, so that the rear yards became left over space. This idea led to the development of the German *Siedlung* where, since there were no streets adjacent to the buildings, the backs and fronts were now the same. Now all of the open space was in a sense left over; the "ground" became a wasteland. The object buildings seemed detached, floating on a ground that was no longer active.

Seven sectional drawings represent the "butterfly cusp," a three-dimensional diagram of a catastrophic event which occurs in the fourth dimension, as conceptualized by René Thom. According to Thom, a catastrophe begins with a stable condition, moves through the radical moment of change, and then returns to a stable condition. Isolated in their original sequence these figures are the residual inscriptions of a condition that is impossible to represent in a single frame of time or space. These ideas of "event" and "catastrophe" circumscribe the project for Rebstockpark and formalize, as indices of a mathematical process, the urban context of Frankfurt.

Sieben Schnittzeichnungen stellen die Grundidee des Entwurfs dar: den Spitzbogen. René Thom prägte für diese Form den Begriff »butterfly cusp« (etwa: Schmetterlings-Flügelspitze). Es handelt sich um ein dreidimensionales Diagramm einer Katastrophe, die sich in der vierten Dimension ereignet. Laut Thom beginnt die Katastrophe in einem stabilen Zustand, erfährt dann eine radikale Veränderung und kehrt wieder zu einem stabilen Zustand zurück. In ihrer ursprünglichen Reihenfolge isoliert, sind diese Figuren die Überbleibsel von Beschreibungen eines Zustands, den man unmöglich in einem einzigen Rahmen von Zeit oder Raum fassen könnte. Diese Vorstellungen von »Ereignis« und »Katastrophe« umschreiben das Rebstockpark-Projekt, und als Indikatoren eines mathematischen Prozesses geben sie dem Frankfurter Stadtkontext eine bestimmte, feste Form.

Aber diese Art der Ereignisstruktur gehört nicht zu einer Architektur, die den Medien entgegengesetzt ist, sondern zu einer, die von den Medien verkonsumiert wird. Die Medien geben sich mit den autonomen Bedingungen der elektronischen Reproduktion, aber nicht mit physischen Fakten oder Interpretationen ab. Rockkonzerte mit Klangverstärker und künstlicher Beleuchtung versuchen, die physische Präsenz zu negieren. Architektur kann dies nicht. Architektur kann jedoch eine Alternative dazu vorschlagen, eine andere Art von Ereignis, in dem die Verschiebung der statischen Umgebung nicht nur die der linearen Elektronik ist, sondern eine, die eine Interpretation der Umwelt gibt, wo die Ereignisse zwischen Objekt und Zeichen liegen.

Traditionelle Architekturtheorie ignoriert fast ausschließlich die Idee des Ereignisses. Sie geht von der Existenz zweier statischer Bedingungen des Objekts aus: Figur und Grund. Dies läßt Gebäude in zwei einander entgegengesetzten Erscheinungsformen entstehen. Eine ist der Kontextualismus von Figur und Grund, der von einer umkehrbaren und wechselseitigen Beziehung zwischen den soliden Hauseinheiten und dem Zwischenraum zwischen ihnen ausgeht. Ein typisches Beispiel dieses Kontextualismus ist die Annahme, daß in jedem gegebenen historischen Kontext eine verborgene Struktur existiert, die zeitgenössischen Städtebau erst ermöglicht. Die andere Art betrifft den isolierten Block oder den Riegel auf einem durch eine »tabula rasa« vorbereiteten Grund. Es gibt hier keine Beziehung zwischen alt und neu oder Figur und Grund. Der Grund wird eher als klare und neutrale, seine Autonomie in die Zukunft projezierende Gegebenheit angesehen. In beiden Fällen sind Figur/Objekt und Grund bestimmende und die Gesamtheit des Städtebaus erklärende Begriffe. Aber wie in den meisten Disziplinen werden solche allumfassende Totalitäten in Frage gestellt. Man glaubt nicht mehr, daß sie die vorhandene Komplexität der Phänomene erklären können. Das gilt bestimmt auch für den Städtebau.

Deutschland und besonders Frankfurt scheinen immer ganz klar die Entwicklung des westlichen Städtebaus nachzuzeichnen. Der Wohnblock im Deutschland des späten 18. und frühen 19. Jahrhunderts, der Wohnungen und Gewerbe im geschlossenen Rechteck ordnet, definiert sowohl die Straße als auch den Hof als positiven Raum. Diese Räume scheinen ganz wörtlich aus einem soliden Block innerhalb des städtischen Kontexts herausgeschnitten zu sein. Mit dem Aufkommen der großen Boulevards und Alleen in der Mitte des letzten Jahrhunderts entstanden neue

räumliche Strukturen. Der Straßenraum blieb dabei weiterhin durch zwei lange Gebäudereihen positiv definiert, während die Hofseite zur Restfläche verkam. Diese Idee führte später zur Entwicklung der deutschen Siedlung. Da es hier keine Straße zwischen gegenüberliegenden Gebäuden mehr gab, wurde auch der Unterschied zwischen Vorder- und Rückseite aufgehoben. So wurde der Außenraum zu einer Art Restfläche, und der Boden selbst wurde zum Ödland. Die Gebäude scheinen nun als Objekte völlig voneinander getrennt und irgendwie auf dem Grund zu treiben, der selbst keine aktive Rolle mehr spielt.

In keiner anderen Stadt war die Siedlungsidee bestimmender als in dem sich entwickelnden Ring um die Altstadt von Frankfurt. Während jedoch Ernst Mays Siedlungsbau der Jahre vor dem Krieg als revolutionär galt, sind heute überall in der Stadt die Auswirkungen der Siedlungsidee zu beobachten. Mit dem Ausbau der Autobahn und des Luftverkehrs nach dem Krieg stellten sich neue Aufgaben für den Städtebau. Es war weder der Siedlungstypus noch der traditionelle Wohnblock mit seiner Figur/Grund-Dialektik, die adäquat die neue städtische Realität hätten wiederspiegeln können. Die Stadt an sich definierte nicht mehr ausschließlich den Rahmen für den Städtebau. Trotzdem kam der geschlossene historische Wohnblock als Grundbaustein einer städtebaulichen Theorie, dem sogenannten Kontextualismus, wieder in Mode. Aber seine Nostalgie und kitschige Sentimentalität zogen nie die mannigfaltige Realität heutigen Lebens in Betracht.

Was benötigt wird ist die Möglichkeit, Objekt/Figur/Grund aus einem anderen Bezugsrahmen heraus zu interpretieren. Diese neue Lesart (*reading*) mag andere, immer schon dem städtischen Gewebe immanente oder in ihm unterdrückte Bedingungen aufdecken. Diese Wiederannahme würde vielleicht für neue und schon existierende städtische Strukturen die Möglichkeit einer neuen Definition eröffnen. Das Neue würde durch diese Verschiebung nicht als grundsätzlich verschieden vom Alten, sondern als ein nur leicht aus dessen Brennpunkt verschobenes Bild erscheinen. Diese Bedingung der Unschärfe bietet die Möglichkeit, sowohl das Alte als auch das Neue als Ganzes gegeneinander zu verschieben. Eine Möglichkeit zur Verschiebung (»displacement«) kann in der Form der Falte gefunden werden.

Leibniz verstand als erster Materie als explosiv. Er wandte sich vom Cartesianischen Rationalismus ab und

Nowhere was this *Siedlung* urbanism more prevalent than in the developing ring around the urban center of Frankfurt. While Ernst May's pre-war housing was revolutionary, its corrosive effect on the urban fabric is now everywhere to be seen. In the postwar era, with the expansion of the autobahn and air travel, a new, more complex task faced urban development. No longer was the simple *Siedlung* nor the figure/ground perimeter block adequate to contain the new complex urban realities; the city no longer totally defined the possible context of an urbanism. Yet the form of the perimeter block of the historic urban centers became the basic unit of an urban theory known as contextualism, the vogue of post-modern urbanism. But its nostalgia and kitsch sentimentalism never took into account the *manifold* realities of contemporary life.

What is needed is the possibility of reading object-figure/ground from another frame of reference. This new reading might reveal other conditions which may have always been immanent or repressed in the urban fabric. This reframing would perhaps allow for the possibility of new urban structures and for existing structures to be seen in such a way that they too become redefined. In such a displacement, the new, rather than being understood as fundamentally different than the old, is seen instead as being merely slightly out of focus in relation to what exists. This out of focus condition, then, has the possibility of blurring or displacing the whole, that is both old and new. One such displacement possibility can be found in the form of the fold.

It was Leibniz who first conceived of matter as explosive. He turned his back on Cartesian rationalism, and argued that in the labyrinth of the continuous, the smallest element is not the point but the fold. From Leibniz, one can turn to the ideas of two contemporary thinkers concerning the fold; one is Gilles Deleuze, and the other is René Thom. In the idea of the fold, form is seen as continuous but also as articulating a possible new relationship between vertical and horizontal, figure and ground, breaking up the existing Cartesian order of space.

Deleuze says the first condition for Leibniz's event is the idea of extension. Extension is the philosophical movement outward along a plane rather than downward in depth. Deleuze argues that in mathematical studies of variation, the notion of the object is changed; no longer is it defined by an essential form. He calls this

Rebstockpark has been marked throughout its history with artifacts of one intervention after another. As indicated by its name, at one time the park was a vineyard, during World War II it was an airfield for the Luftwaffe, and it has since been formally defined by the Autobahn to the north, athletic fields to the west, warehouses to the south, a lake in the center, and a public swimming pool. Only the site in the northeast quadrant has been set aside for new development.

Das Rebstockparkareal ist in seiner langen Geschichte wiederholt durch verschiedene Eingriffe bebaut und gestaltet worden. Wie der Name schon sagt, war es einmal ein Weinberg; während des 2. Weltkrieges befand sich dort ein Luftwaffenstützpunkt. Seither hat das Gelände durch verschiedene Bauten und Begrenzungen seine endgültige Form erhalten, im Norden durch die Autobahn, im Westen durch Sportanlagen, im Süden durch Lagerhallen. In der Mitte befinden sich ein See und ein Schwimmbad. Nur das Gebiet des nordöstlichen Quadranten ist für eine neue Bebauung vorgesehen.

argumentierte, daß im Labyrinth des Unendlichen das kleinste Teilchen nicht der Punkt, sondern die Falte sei. Von Leibniz kommt man zu zwei zeitgenössischen Denkern, die sich auch mit der Falte beschäftigen. Der eine ist Gilles Deleuze, der andere René Thom. Die Idee der Falte sieht, indem sie die gültige Carthesianische Ordnung des Raumes aufbricht, Form als kontinuierlich und als Möglichkeit zu einer neuen Beziehung zwischen Vertikalität und Horizontalität, Figur und Grund artikulierend.

Deleuze meint, daß die erste Bedingung für ein Ereignis bei Leibniz die Idee der Ausdehnung ist. Unter ihr versteht man, philosophisch gesehen, im Gegensatz zu einer nach unten in die Tiefe gerichteten eine in die Ebene ausgreifende Bewegung. Deleuze argumentiert, daß in der Mathematik der Variationsrechnung der Begriff des Objekts sich verändert hat: Es wird nicht mehr durch eine elementare Form definiert. Er nennt diese neue Idee eines Objekts ein Objekt/Ereignis, ein »Objektil« – die moderne Konzeption eines technologischen Objekts. Dieses Objekt ist für Deleuze nicht mehr dazu da, den Raum zu rahmen. Es stellt eher eine Modulation in der Zeit dar, die eine kontinuierliche Variation von Materie erlaubt. Diese Variation wird durch die Falte charakterisiert. Nach Deleuze war die Idee der Falte zuerst kulturell im Barock definiert. Er differenziert zwischen der gothischen Falte, die Elemente wie Konstruktion, Rahmen und Einfassung betont, und der barocken Falte, die die Materie betont. In ihr fließt die Masse, die nicht mehr in einem am Ende sich auflösenden Rahmen gehalten werden kann, über ihre Begrenzungen hinaus. Deleuze stellt fest, daß die Falte/Ent-falte heute die Konstanten einer Idee des Objekt/Ereignisses sind.

Die Verknüpfung von Falte und Ereignis beeinflußt auch andere Disziplinen, besonders René Thom's Mathematik. In seiner Katastrophentheorie postuliert Thom sieben elementare Ereignisse oder Transformationen. Da es keinen für die Projektion privilegierten Grundriß gibt, erlauben diese Transformationen keine klassische Symmetrie und daher auch nicht die Möglichkeit eines statischen Objekts. Anstelle eines Grundrisses gibt es eine neutrale Fläche, die aus einer sich verändernden Krümmung und einer Falte besteht. Entlang dieser Krümmung findet die Faltung des Ereignisses statt. Für Thom ist die Ereignisstruktur des Wechsels immer schon im Objekt vorhanden, allerdings unsichtbar, nur modelliert (von der neutralen Fläche der die Katastrophe definierenden Falte). So wie ein winziges Sandkorn

idea of the new object an object/event, an "objectile" — a modern conception of a technological object. This new object for Deleuze is no longer concerned with the framing of space, but rather a temporal modulation that implies a continual variation of matter. The continual variation is characterized through the agency of the fold. For Deleuze, the idea of the fold was first defined culturally in the Baroque. He differentiates between the Gothic, which privileges the elements of construction, frame, and enclosure, and the Baroque, which emphasizes matter, where the mass overflows its boundaries because it cannot be contained by the frame which eventually disappears. Deleuze states that the fold/unfold are the constants today in the idea of an object/event.

The linking of fold and event also influences work in other disciplines, specifically the mathematics of René Thom. In his catastrophe theory Thom says that there are seven elementary events or transformations. These transformations do not allow any classical symmetry and thus the possibility of a static object, because there is no privileged plan of projection. Instead of such a plan there is a neutral surface formed from a variable curvature or a fold. This variable curvature is the inflection of a pure event. For Thom, the structure of the event of change is already in the object but cannot be seen, only modeled (by the neutral surface of the catastrophe fold). Thus, while a tiny grain of sand can trigger a landslide, the conditions leading up to the moment of movement are already seen to be in place in the structure. Thom's seven catastrophes were proposed to explain precisely this phenomenon.

In one sense catastrophe theory can also explain abrupt changes in the state or form of such control as figure to ground, urban to rural, commercial to housing, by means of a complex fold that remains unseen. This type of folding is more complex than Origami, which is linear and sequential and thus ultimately involves a frame. This quality of the unseen in the folding structures of our site deals with the fact that the folded object neither stands out from the old nor looks like the old, but is somewhere in between the old and something new. Such an in-between or third figure may be likened to the *passe-partout* which is the matte between the frame and the figure in a painting. However the idea of a *passe-partout* is always another framing, a reframing in a certain way. It can never be neutral; it always will be more or less than what is there. The fold in this sense is neither figure nor ground but contains aspects

schon einen Erdrutsch auslösen kann, wird auch angenommen, daß die Bedingungen, die zum Auslösen der Bewegung führen, schon von Anfang an Teil der Struktur sind. Thom's sieben Katastrophen wurden entwickelt, um genau dieses Phänomen zu erklären.

In einem Sinne kann die Katastrophentheorie plötzliche Zustands- oder Formänderungen wie die von Figur und Grund, Stadt und Land, Gewerbe und Wohnen durch die Form einer komplexen, aber unsichtbar bleibenden Falte erklären. Diese Art der Faltung ist komplexer als Origami, welches in linearer Folge sich entwickelt und daher letztendlich einen gefalteten Rahmen darstellt. Die Qualität des nicht Sichtbaren in der Faltenstruktur in unserem Gebiet basiert auf der Tatsache, daß das Objekt sich weder vom Alten abhebt noch wie das Alte selbst ist, sondern irgenwo im Bereich zwischen dem Alten und Neuen sich befindet. Diese Zwischenposition oder dritte Figur ist verknüpft mit der Idee des *passe-partouts*, welches die vermittelnde Lage zwischen dem Rahmen und der Figur des Bildes ist. Die Idee des *passe-partouts* ist immer auch die eines zusätzlichen Rahmens, in gewisser Weise ein neues Einrahmen. Es kann nie neutral sein; es wird immer mehr oder weniger sein als was ist. Die Falte ist in diesem Sinne weder Figur noch Grund, sondern beinhaltet beide Aspekte. Architektur könnte dann die Falte, die prinzipiell flächig im dreidimensionalen Raum besteht, für sich interpretieren. Diese Falten wären nicht nur einfach aus dem Grundriß in die dritte Dimension erweitert wie traditionell die Architektur; sie wären eher etwas, das sowohl den Grundriß als auch den Schnitt betreffen würde. Die neutrale Oberfläche der Falte in der Katastrophe war schon immer zwischen Figur und Grund, zwischen Grundriß und Schnitt und trotzdem homogen. Sie stellt nicht nur die Erscheinung eines Dritten dar, sie ist selbst das Dritte.

Mit der Einführung des Konzepts der Falte als eine nicht dialektische dritte Bedingung zwischen Figur und Grund, die dennoch die Natur beider in sich einschließt, wird es möglich, neben dem schon immer vorhandenen vor allem die möglichen und immanenten, latent in Frankfurt gegebenen Bedingungen neu zu fokussieren oder zu rahmen. Dieses neue Einrahmen ändert das Gegebene und das durch ehemalige Autoritätssysteme (wie Figur und Grund) Unterdrückte, verändert es zu einem Potential für neue Interpretationen existierender Organisationen. Mit dem Konzept der Falte ist es möglich, das in Frankfurt schon immer Bestehende neu zu fokussieren.

View of housing blocks looking west. Perimeter block and *siedlung* typologies are transformed by the spatial operation of "folding" and the temporal construct of "the event" into a new typologous relationship where solid and void figures assume their shapes in deference to the morphology of the fold.

Ansicht der Häuserblocks mit Blick nach Westen. Die Bautypen der geschlossenen Rechteck-blöcke sowie der Siedlungshäuser werden durch das räumliche »Faltungsverfahren« verändert – ebenso die zeitgebundene Konstruktion des »Ereignisses« –, so daß neue Typologien räumlicher Beziehungen entstehen, in denen feste und leere Körper die ihnen eigene Form unter Rücksichtnahme auf die Morphologie der Falte annehmen.

15

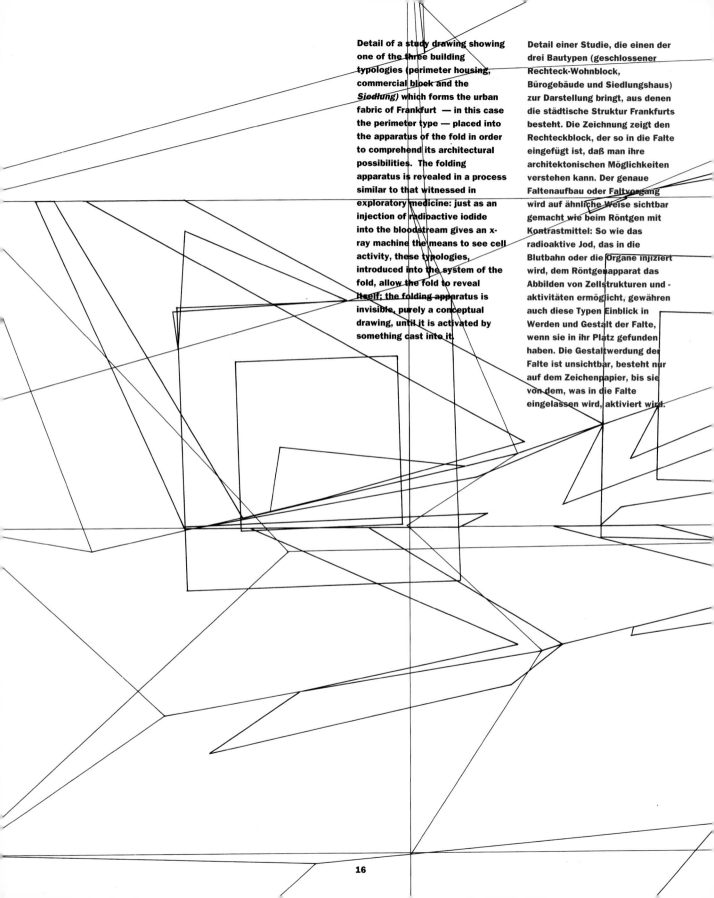

Detail of a study drawing showing one of the three building typologies (perimeter housing, commercial block and the *Siedlung*) which forms the urban fabric of Frankfurt — in this case the perimeter type — placed into the apparatus of the fold in order to comprehend its architectural possibilities. The folding apparatus is revealed in a process similar to that witnessed in exploratory medicine: just as an injection of radioactive iodide into the bloodstream gives an x-ray machine the means to see cell activity, these typologies, introduced into the system of the fold, allow the fold to reveal itself; the folding apparatus is invisible, purely a conceptual drawing, until it is activated by something cast into it.

Detail einer Studie, die einen der drei Bautypen (geschlossener Rechteck-Wohnblock, Bürogebäude und Siedlungshaus) zur Darstellung bringt, aus denen die städtische Struktur Frankfurts besteht. Die Zeichnung zeigt den Rechteckblock, der so in die Falte eingefügt ist, daß man ihre architektonischen Möglichkeiten verstehen kann. Der genaue Faltenaufbau oder Faltvorgang wird auf ähnliche Weise sichtbar gemacht wie beim Röntgen mit Kontrastmittel: So wie das radioaktive Jod, das in die Blutbahn oder die Organe injiziert wird, dem Röntgenapparat das Abbilden von Zellstrukturen und -aktivitäten ermöglicht, gewähren auch diese Typen Einblick in Werden und Gestalt der Falte, wenn sie in ihr Platz gefunden haben. Die Gestaltwerdung der Falte ist unsichtbar, besteht nur auf dem Zeichenpapier, bis sie von dem, was in die Falte eingelassen wird, aktiviert wird.

of both. Architecture could then interpret the fold which is essentially planar in three-dimensional volumes. These folds would not be merely an extrusion from a plan as in traditional architecture, but rather something which affects both plan and section. The neutral surface of the catastrophe fold is already between figure and ground, between plan and section, yet it is homogeneous; it is not merely the appearance of a third; it is a third in its own being.

By introducing the concept of the fold as a non-dialectic third condition, one which is between figure and ground, yet reconstitutes the nature of both, it is possible to refocus or reframe what already exists in any site, and, specifically, conditions latent in Rebstockpark. This reframing changes what exists from that which was repressed by former systems of authority (such as figure and ground) to a potential for new interpretations of existing organizations. Through the concept of the fold, it is possible to refocus what already exists in Frankfurt.

The fold then becomes the site of all the repressed immanent conditions of existing urbanism which, at a certain point, like the drop of sand which causes the landslide, has the potential to reframe existing urbanism, not to destroy it but to set it off in a new direction. The idea of the fold gives the traditional idea of edge a dimension. Rather than being seen as an abrupt line, it now has a volumetric dimension which provides both mediation and a reframing of conditions such as old and new, transport and arrival, commerce and housing. The fold then can be used not merely as a formal device, but rather as a way of projecting new social organizations into an existing urban environment.

Thus, as we near the end of one era and are about to enter a new one, there is an opportunity to reassess the entire idea of a static urbanism, one which deals only with objects rather than events. In a media age static objects are no longer as meaningful as timeful events, where the temporal dimension of the present becomes an important aspect of the past and the future.

Die Falte wird so zum Ort aller unterdrückter immanenter Bedingungen des existierenden Städtebaus. So wie ein Sandkorn, das einen Bergrutsch verursachen kann, enthält es das Potential, den existierenden Städtebau neu zu rahmen – eben nicht zu zerstören, sondern ihn in eine neue Richtung zu leiten. Die Falte gibt der traditionellen Idee vom Rand eine neue Dimension. Anstatt als harte Linie zu erscheinen, besitzt er jetzt eine volumetrische Dimension, die sowohl vermittelt als auch ein neues Einrahmen von Alt und Neu, Transport und Ankunft, Gewerbe und Wohnen ermöglicht. Die Falte kann so nicht als formale Methode benutzt werden, sondern eher als eine Weise, neue soziale Organisationen in das existierende städtische Umfeld zu projizieren.

Wir befinden uns am Ende eines Zeitalters und an der Schwelle zu einem neuen. Dies gibt uns die Gelegenheit, die Idee des statischen Städtebaus, der nur mit Objekten anstelle mit Ereignissen arbeitet, neu zu durchdenken. Im Zeitalter der Medien sind statische Objekte nicht länger so bedeutungsvoll wie Ereignisse, in denen die zeitliche Dimension der Gegenwart ein wichtiger Aspekt der Vergangenheit und der Zukunft wird.

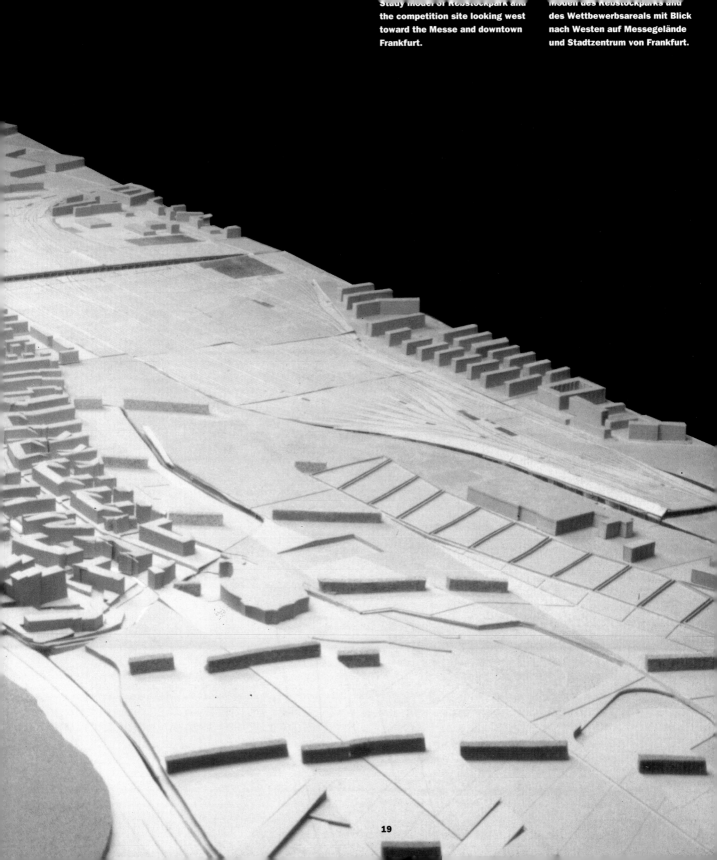

Study model of Rebstockpark and
the competition site looking west
toward the Messe and downtown
Frankfurt.

Modell des Rebstockparks und
des Wettbewerbsareals mit Blick
nach Westen auf Messegelände
und Stadtzentrum von Frankfurt.

Perplications: On the Space and Time of Rebstockpark

Perplikationen: Über Raum und Zeit des Rebstockparks

John Rajchman

Nothing is more disturbing than the incessant movements of what seems immobile.

Gilles Deleuze, *Pour Parlers*

Nichts ist beunruhigender als die stetige Bewegung dessen, was unbeweglich scheint.

Gilles Deleuze, *Pour Parlers*

It can happen, as in the Baroque, that an architectural invention is enveloped in a larger event, implicated in a larger question that arises in our space, complicating it and our vision of it. A formal trait in architecture may then become part of the crystallization of something unknown that is knocking at the door, something unforeseen that we can only experiment with or play with in our seeing, our thinking, our creations.

Peter Eisenman's development of Rebstockpark, a twenty hectare plot on the outskirts of Frankfurt, into a residential and commercial block, is about *the fold* — the folding of architectural and urban space and the folding of that space into others. The fold is more than a technical device: it is the central Idea or Question of the project. But then what is a question — what is "the Question" — in architecture?

In the first instance, "folding" is the name that Eisenman gives to the central formal technique employed in the generation of the design. In this respect it plays a role analogous to that of the superpositioning of the L-grid in earlier works. The nature and the scale of the project, however, allow Eisenman to think in urbanistic terms. In Rebstockpark he wants to depart from the urban contextualism that rejected the modernist isolated point block or linear slab and made the perimeter block the basic unit of postmodernism. In "folding" the Rebstock plot, Eisenman hopes to "index" the complexifications in urban space that have unfolded since the War, those which contextualism has been unable to treat.

The starting point for the folding transformation is an imagined *Siedlung* in the prewar style of Ernst May — the once revolutionary style which supplanted the perimeter housing that the late 18th and early 19th centuries had carved out of the city, with what is now seen as its rather corrosive effects on the urban fabric. The formal transformation consists then in successively putting this imagined design through the net of a "folding" operation, derived from a modified version of René Thom's butterfly net. This "folding" of the complex is what is meant to introduce another sense of space and time within the urban landscape other than that of the revolutionary tabula rasa of the modern, or the kitsch, sentimental context of the postmodern.

But this is not the only sense in which the Rebstock project is a project of "the fold." Rebstockpark is "folded" in many senses and many times over — many

Es mag vorkommen, daß eine Erfindung in der Architektur in Zusammenhang mit einem größeren Ereignis steht und, wie im Barock, impliziert wird von einer weitreichenden, in unserem Raum entstandenen Fragestellung, die den Raum selbst und unsere Sichtweise von ihm komplexer gestaltet. Ein formales architektonisches Merkmal kann dann mit zur Kristallisation von etwas Unbekanntem und Unvorhergesehenem beitragen, das sich erst durch gewisse Zeichen bemerkbar macht und mit dem wir in unserem Sehen, Denken und durch unsere Schöpfungen experimentieren und spielen können.

Peter Eisenmans Vorschlag für die Entwicklung des Rebstockparks, eines 20 Hektar großen Areals an der Peripherie von Frankfurt, in ein Wohn- und Bürogebiet wird bestimmt von der Idee *der Falte* – vom Falten des architektonischen und städtischen Raumes und vom Falten dieser Räume in andere. Die Falte ist dabei mehr als nur ein technisches Hilfsmittel: Sie ist die zentrale Idee oder Fragestellung dieses Projekts. Was aber ist denn die »Fragestellung« in der Architektur schlechthin?

Zunächst ist »Faltung« die Bezeichnung, die Eisenman für die formale Entwurfstechnik einführt, und als solches spielt sie eine Rolle analog zu der der »Superposition« von L-Rastern in seinen früheren Werken. Art und Maßstab dieses Projekts erlauben es Eisenman jedoch, in städtebaulichen Begriffen zu denken. Im Rebstockpark weicht er von jenem urbanen Kontextualismus ab, der den einen Innenhof umschließenden Wohnblock unter Zurückweisung des modernen freistehenden Wohnturmes oder des linearen Riegels zur Grundeinheit der Postmoderne machte. Indem er das Rebstockgelände »faltet«, kann Eisenman Verdichtungen im städtischen Raum hervorheben, die sich seit dem Krieg entwickelt haben, die der Kontextualismus aber nicht adressieren konnte.

Ausgangspunkt für die gefaltete Verwandlung des Geländes ist eine imaginäre Siedlung im Vorkriegsstil von Ernst May – jenem einst revolutionären Stil, der an die Stelle der im späten 18. und frühen 19. Jahrhundert üblichen »perimeter«-Bauweise (Wohnblöcke mit Innenhöfen) trat, die heute als eher zerstörerisch für die urbane Struktur angesehen wird. So besteht die strukturelle Verwandlung darin, den Entwurf dieser imaginären Siedlung durch das Netz einer »Faltoperation« zu schleusen, das sich wiederum aus René Thom's Schmetterlingsnetz ableitet. Durch die Auffaltung des Geländes soll ein anderes Raum- und

things are implicated in it or implied by it. To explicate what it implies or to unfold what is implicit in it, one must unravel the general questions that its Idea involves of space, time, vision, technology, and architecture. For, in architecture as elsewhere, an Idea is never exhaustively or integrally realized in a single work; in any given case, there are always "complications." And that is why, as Leibniz knew, that in explicating something, it is always difficult to know where to begin and how to end.

Rebstockpark is then about "folding" in architecture. But what is the fold, and what is it to fold? In his philosophy and his reading of the history of philosophy, Gilles Deleuze has developed perhaps the most elaborate conception of folds and foldings — a conception that he sets forth in his book *Le Pli*. The book is a study of Leibniz and the Baroque, and it ends with these words: "...what has changed is the organization of the house and its nature...we discover new ways of folding...but we remain Leibnizian since it is always a question of folding, unfolding, refolding."

One may say that *Le Pli* is Deleuze's most architectural book, for it envisages Leibniz's philosophy as a great Baroque edifice and supposes that his philosophy formulates the Idea of such edifices: the Idea of folds which endlessly pass over into other folds, folding into folding to infinity. Yet, in the case of the new ways of "folding, unfolding, refolding" which *we* continue today, Deleuze discusses *l'informe* in music, painting, and sculpture, without reference to contemporary architecture. Thus we may regard the "folding" of Rebstockpark as Eisenman's attempt to take up the question of contemporary architecture and urbanism that these last sentences implicitly raise, thereby discovering something unnoticed, implicated all along in his own work and thought. As Deleuze invents a new philosophy of the *informe*, or an *informel* art of thinking, so Eisenman invents an architecture of the *informe*, or an *informel* way of building and designing, with Rebstockpark.

Intensive Reading. The Rebstock project may then be taken as a reading — an "intensive reading" — of *Le Pli*, and *Le Pli* of it. What Deleuze calls an intensive reading is not an internal formal reading or an external contextual one, but rather an experimental encounter. An intensive reading is one that releases unnoticed "complicities" between two spaces that remain divergent and singular, or common implications between

Zeitgefühl innerhalb der urbanen Landschaft entstehen, anders als es durch die revolutionäre »tabula rasa« der Moderne oder den kitschigen, sentimentalen Kontextualismus der Postmoderne geschieht.

Aber nicht nur in diesem Sinne ist das Projekt für den Rebstockpark ein »Falt-Projekt«. Der Rebstockpark wird oft und in allen Richtungen gefaltet – vieles wird in die Faltung mit »verwickelt« und bringt die Falte gleichsam mit sich. Um zu entfalten, was alles darin verwickelt ist und was sich aus ihr entwickelt, muß man die dazugehörigen allgemeinen Aspekte wie Raum, Zeit, Vision, Technologie und Architektur berücksichtigen. Generell können weder in der Architektur noch in anderen Gebieten Ideen erschöpfend oder vollständig in einem einzelnen Werk umgesetzt werden; was es auch sei, es werden immer Komplikationen auftreten. Deshalb ist es, wie Leibniz wußte, bei der Erklärung einer Sache immer schwierig zu wissen, wo beginnen und wie enden.

Im Projekt am Rebstockpark geht es also um das Falten in der Architektur. Was aber ist eine Falte und was soll gefaltet werden? Gilles Deleuze hat in seiner Philosophie und in seiner Auslegung der Geschichte der Philosophie das vielleicht ausführlichste Konzept vom Falten und von Faltungen entwickelt. Seine Vorstellungen davon legt er in seinem Buch *Le Pli* dar, das eine Studie über Leibniz und das Barock ist und mit den folgenden Worten endet: »...was sich verändert hat, ist die Organisation des Hauses und seine Natur... wir entdecken neue Weisen zu falten ... aber wir bleiben Leibniz treu, zumal es immer eine Frage des Faltens, Enfaltens und Wiederfaltens ist«.

Man könnte sagen, daß *Le Pli* Deleuzes architektonischstes Buch ist, denn es entwirft ein Bild von Leibniz' Philosophie als ein großes barockes Bauwerk und führt aus, daß seine Philosophie die Idee zu solchen Bauwerken formuliere: Es ist die Idee von Falten, die in endloser Folge in andere Falten übergehen, Falte um Falte bis zur Unendlichkeit. Und dennoch, während Deleuze das Konzept de *l''informe* (des Formlosen) in Musik, Malerei und Bildhauerei diskutiert, finden wir bezüglich des Faltens, Entfaltens und Wiederfaltens, das *wir* heute wieder aufnehmen, keinen Verweis auf die zeitgenössische Architektur. Wir können deshalb das Falten des Rebstockparks als Eisenmans Versuch betrachten, die gerade mit den letzten Sätzen von *Le Pli* implizit angesprochene Frage nach der zeitgenössischen Architektur und dem Städtebau aufzuwerfen. Dabei entdeckt man etwas bisher

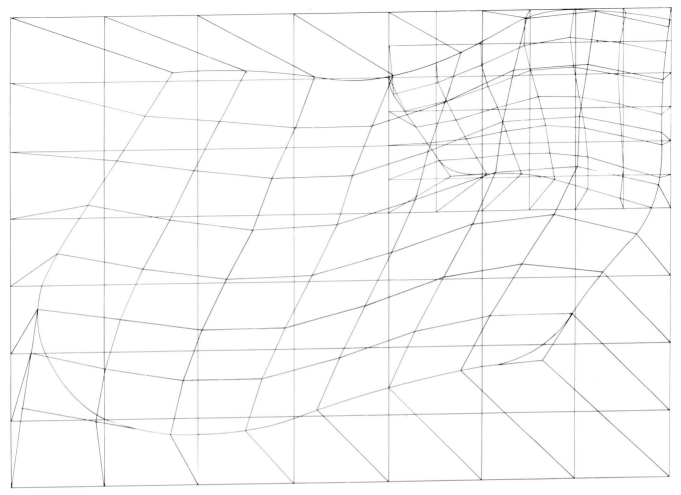

The articulation of the project site began with a seven by seven orthogonal grid — analogous to the seven sections of the catastrophe diagram — being laid over the entire Rebstockpark site in an attempt to establish both spatial and temporal modulation. The use of this provocative device of the event attempts to alter the perception of a modulated "place." In order to territorialize and differentiate the grid of the competition site, it was subdivided into six equal parts (by seven lines) in order to make another analogous connection to the butterfly cusp. The division of both grids into "sevens" — one of lines, one of spaces — bears an arbitrary relationship to the site in terms of program, morphology, and archeology, while constructing, through an analogous relationship to the catastrophe diagram, an indexical record of the butterfly cusp. Both the large and small grids were then compressed onto, or transformed in relationship to, the contours of the actual sites.

Die Gliederung des Baugeländes beginnt mit einem orthogonalen Raster von sieben mal sieben Linien/Feldern analog zu den sieben Teilen des Katastrophen-Diagramms, das über das gesamte Rebstockpark-Gelände gelegt wurde, um sowohl räumliche als auch zeitliche Modulationen zu erreichen. Die provozierende Erfindung des »Ereignisses« strebt an, die Wahrnehmung eines modulierten Ortes zu verändern. Um das Raster für das Wettbewerbsgrundstück in verschiedene Zonen aufzuteilen und es zu differenzieren, wurde es durch sieben Linien in sechs gleich große Felder aufgeteilt, so daß eine weitere analoge Verbindung zur »Schmetterlings-Flügelspitze«, zur Spitzbogenform, entsteht. Sowohl die sieben Linien als auch die entstandenen Rasterfelder haben zum Grundstück sozusagen eine Zufallsbeziehung, was Programm, Morphologie und Topographie des Geländes angeht, während sie durch eine analoge Beziehung zum Katastrophendiagramm einen indexartigen Nachweis der Spitzbogenform entwickeln. Sowohl groß- als auch kleinformatige Raster wurden über die einzelnen Geländeabschnitte gelegt.

two things that remain folded or constituted differently. One example is the use that Deleuze makes of the passage from Malamud's *The Fixer,* which serves as an exergue for his book on the practical philosophy of Spinoza. In *The Fixer* an old Russian Jew explains before an Inquisitory authority that he read a few pages of Spinoza's *Ethics* and then "kept on going as though there were a whirlwind at my back." This "whirlwind" becomes important for Deleuze's conception of Spinoza as a "practical philosopher," and for the concept of the intensive encounter in Spinoza's philosophy. In discussing the fold, Deleuze uses it again to describe the sort of "multilinear ensemble" through which, by intensive encounter, philosophy comes to connect with history and with something like architecture. Such foldings into one another of philosophy and architecture as *Le Pli* and Rebstockpark "... would be like the detours of a movement that occupies the space in the manner of a whirlwind, with the possibility of emerging at any given point."

Plica ex Plica. Deleuze explains that the arts of the *informe* are about two things: textures and folded forms. The Baroque invents one possibility of fold and texture: the textures through which matter becomes "material" and the enfoldings of the soul through which form becomes "force." In the Baroque as in Leibniz, the metaphysics of formed matter is replaced by a metaphysics of materials "expressing" forces. The Baroque thus opens, without prefiguring, possibilities of texture and fold, which are taken up later in other ways by Mallarmé and Heidegger. For example, Deleuze finds that the release of garment folds from the contours of the body which is shown in Baroque painting and sculpture is unexpectedly continued in a different way in the mad theory of veils proposed by Clerambault, the French psychiatrist that Jacques Lacan (who himself kept a special affinity with the Baroque) took as his master.

But there is also a linguistic point: the words belonging to the texture and fold family have a philosophical use and lineage. The weaving- or *plex-* words (like "complexity" or "perplexity") and the folding- or *plic-* words (like "complication" or "implication") define in modern European languages a family whose members include terms like "imply" and "explain" which hold important places in the philosophical lexicon. And indeed the last words of Deleuze's book might be read as "...we are still implicating, explicating, replicating." But there is one member of this family — whose lineage

Unbemerktes, das sein ganzes Werk und Denken immer schon durchzieht: Genauso wie Deleuze eine neue Philosophie *de l'informe* oder eine informelle Kunst des Denkens entwickelt, so erfindet Eisenman im Projekt am Rebstockpark eine Architektur *de l'informe*, oder eine informelle Weise, zu Entwerfen und zu Bauen.

Intensive Reading. Das Projekt für den Rebstockpark kann man zudem als Auslegung – »intensive reading« – von *Le Pli* und umgekehrt *Le Pli* als Auslegung des Rebstockprojekts ansehen. Was Deleuze ein »intensive reading« nennt, ist nicht eine formale Ausdeutung in den Grenzen des Textes oder eine äußerlich kontextuelle; es handelt sich eher um eine experimentelle Begegnung. Ein »intensive reading« enthüllt unbemerkte »Komplizenschaft«, Übereinstimmungen zwischen zwei weiterhin divergenten oder einzigartigen Räumen oder gemeinsame »Implikationen« von zwei unterschiedlich gestalteten oder gefalteten Dingen. Zum Beispiel hat Deleuze die Stelle in Malamuds *The Fixer* für sein Buch über die praktische Philosophie Spinozas verwendet, in der ein alter Jude vor einem Vertreter der Inquisition erklärt, daß er nur ein paar Seiten von Spinozas Ethik gelesen habe und von da an »wie von einem Wirbelwind getrieben« nicht wieder habe aufhören können. Dieser »Wirbelwind« wird wichtig für Deleuzes Auffassung von Spinoza als einem »praktischen Philosophen« und für das Konzept der intensiven Begegnung in Spinozas Philosophie. In der Diskussion der Falte verwendet Deleuze diesen Begriff erneut, um eine Art »multilineares Ensemble« zu beschreiben, das durch intensive Begegnung die Philosophie mit der Geschichte und mit so etwas wie Architektur verknüpft. Eine solche Faltenvermischung zwischen Philosophie und Architektur wie in *Le Pli* und im Rebstockpark wäre »wie die Umwege einer Bewegung, die den Raum wirbelwindartig füllt und immer die Möglichkeit hat, jederzeit daraus auszubrechen«.

Plica ex Plica. Deleuze erklärt, daß die Kunst der Gestaltlosigkeit, *de l'informe,* aus zwei Dingen besteht: Textur und gefalteter Form. Das Barock erfand dabei eine der Möglichkeiten der Falte und der Textur: Texturen, durch welche Materie zum »Material« wird, und die Faltungen der Seele, durch die Form zu »Kraft« wird. Im Barock, wie auch bei Leibniz, wird die Metaphysik der geformten Materie ersetzt durch die Metaphysik des Materials, das Kräfte »zum Ausdruck bringt«. Auf diese Weise eröffnet das Barock, ohne ein Vorbild zu haben, Möglichkeiten zu Textur und Falte, die später in anderer Weise von Mallarmé und Heidegger aufgegriffen werden.

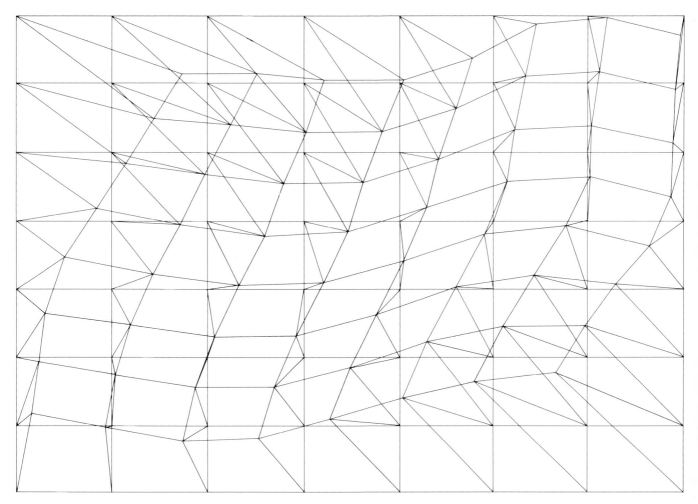

A simple, direct relationship was established between the orthogonal grid and the transformed (compressed) grid, thus objectifying an analogous relationship between the butterfly cusp and the folding of space. The fold became the means of making the physical analogy to the conceptual ideas. The seven points along the northern edge of the orthogonal grid and the seven points along the northern edge of the compressed figure were connected to produce a warped surface which first appears to separate the two grids rather than connect them. However, by connecting the first seven points of the compressed grid to the second seven points of the orthogonal grid, another warped, netlike structure/surface appears which suggests not an oppositional relationship between the two figures, but rather a construct of perpetual mediation — the fold.

Ein einfacher, direkter Bezug wird zwischen dem orthogonalen Raster und dem verwandelten (zusammengeschobenen) Raster hergestellt, wodurch analog der Bezug zwischen »Schmetterlings-Flügelspitze« und der Faltung des Raumes objektiviert wird. Die Falte wird zum Mittel, um die physische Analogie zum konzeptionellen Gedanken zu realisieren. Die sieben Punkte entlang des nördlichen Orthogonal-Raster-Randes und die sieben Punkte entlang des nördlichen Randes vom zusammengeschobenen Raster werden miteinander verbunden, um eine verformte Oberfläche zu erreichen. Diese scheint zunächst beide Raster eher zu trennen als miteinander zu verbinden. Wenn man jedoch die ersten sieben Punkte des zusammenge-schobenen Rasters mit den zweiten sieben Punkten des Orthogonal-Rasters verbindet, entsteht eine andere verzerrte, netzartige Struktur bzw. Oberfläche, die keinen Gegensatz zwischen den beiden Gebilden darstellt, sondern eher die Konstruktion einer unaufhörlichen Interpolation – die Falte.

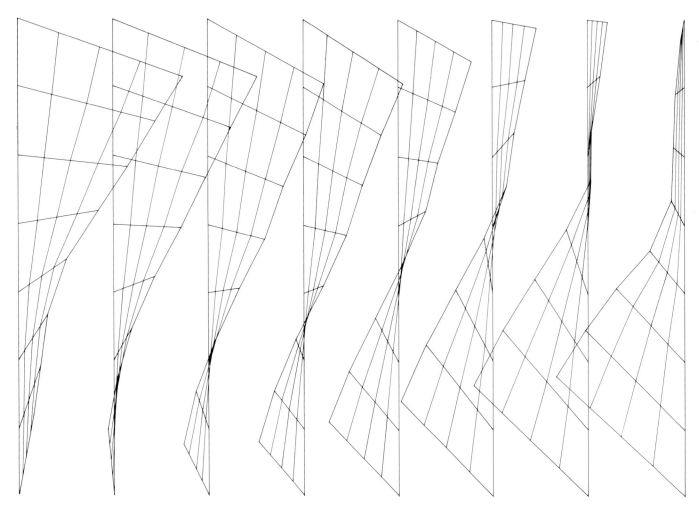

Both north-south and east-west orientations of the fold were studied, one suggesting a continuity with the adjacent *Siedlung* projects to the east, the other with the Autobahn to the north.

goes back to a Latin "enfolding" of the Greek, and thus to the Greek or dialectical fold — of which Deleuze is fond above all others, and through whose eyes he sees all the others: the word "multiple." Thus on the first page of his book Deleuze declares: "The multiple is not only what has many parts, but what is folded in many ways."

A defining principle of Deleuze's own philosophy is that the Multiple comes first, before the One. In this sense, states of affairs are never unities or totalities but rather "multiplicities" in which there have arisen foci of unification or centers of totalization. In such multiplicities what counts is not the terms or the elements, but what is in between them or their disparities. To extract the ideas that a multiplicity "enfolds" is to "unfold" it, tracing the lines which make it up. Multiplicity thus involves a peculiar type of com-plexity — a complexity in divergence — where it is not a matter of finding the unity of a manifold but, on the

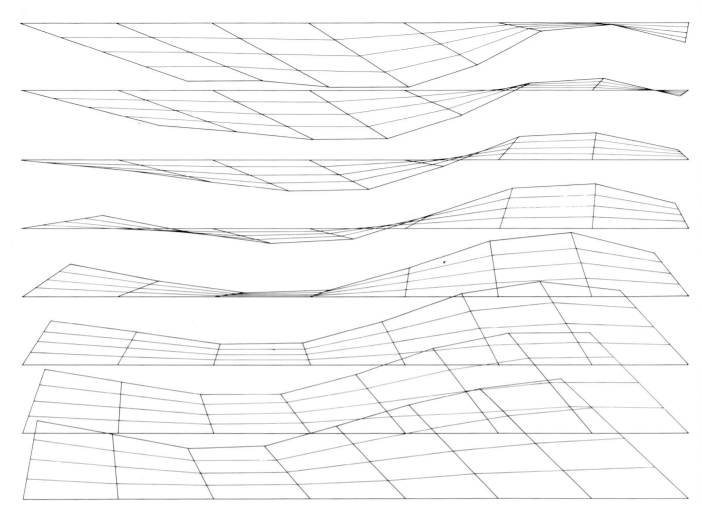

Deleuze findet zum Beispiel, daß die Befreiung der
Gewandfalten von den Konturen des Körpers, wie sie bei
barocken Gemälden und Skulpturen gezeigt wird, sich
unerwarteterweise in abgewandelter Form wiederfindet
in der verrückten Theorie des Schleiers bei Clerambault,
dem französischen Psychiater, in dem Jacques Lacan
(der selbst eine besondere Affinität zum Barock hatte)
seinen Meister sieht.

Es gibt aber auch eine Betrachtungsweise vom
Standpunkt der Linguistik: alle zur Begriffsfamilie Textur
oder Falte gehörenden Wörter sind in der Philosophie
gebräuchlich und haben auch von dort her ihre
Abstammung. Denn die »Gewebe-« (=plexus-) Wörter wie
»Komplexität« oder »Perplexität« und die »Falten-« (=pli-)
Wörter wie »Komplikation oder »Implikation« bilden in
den modernen europäischen Sprachen eine Wortfamilie,
einschließlich Begriffen wie implizieren und explizieren,
die im philosophischen Lexikon einen wichtigen Platz
einnehmen. Tatsächlich kann man die letzten Wörter in

Sowohl die Nord-Süd-als auch die
Ost-West-Ausrichtungen der Falte
wurden untersucht. Die eine
bietet die Kontinuität zur
angrenzenden Siedlungsstruktur
im Osten, die andere zur
Autobahn im Norden.

contrary, of seeing unity only as a holding-together of a prior or virtual dispersion. Complexity thus does not consist in the One that is said in many ways, but rather in the fact that each thing may always diverge or fold onto others, as in the ever-forking paths in Borges' fabled garden. A "multiple" fabric is such that one can never completely unfold, or definitively explicate it, since to unfold or explicate it would only fold or "complicate" it again. Thus, while it may be said that for Deleuze there are folds everywhere, the fold is not a universal design or model. And indeed no two things are folded in just the same way. The multiple is thus not fragments or ruins which suppose a lost or absent Unity, any more than its incessant divergence is a dismemberment of some original organism.

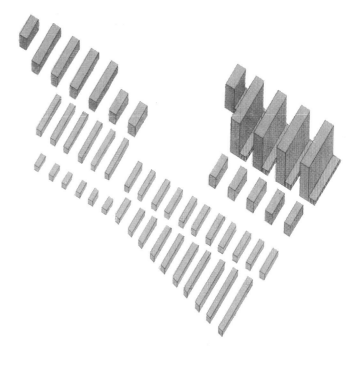

In this image of complexity-in-divergence and the multiplex fabric, we may discern one complicity between the Deleuzian and Eisenmanian folds: the Idea of a folding-together or complication which does not reduce to relations among distinct elements in a space-time parameter, but which supposes a strange, invisible, groundless depth from which something irrupts that creates its own space and time. By reference to such "intensive" complexity, the two attempt to depart at once from Cartesian space and Aristotelian place. As Deleuze puts it, "I don't like points. *Faire le point* [to conclude] seems stupid to me. It is not the line that is between two points, but the point that is at the intersection of several lines."

Perplication. Deleuze, of course, is not the first to raise the question of complexity in architecture, nor the first to connect it to Mannerism and the Baroque. On the contrary such discussion belongs to an entangled historical nexus which includes, in the first generation of the Frankfurt School, Walter Benjamin's study of the Baroque *Trauerspiel,* to which Deleuze returns in *Le Pli.* But more important for Peter Eisenman's background and for his generation are two authors to whom Deleuze does not refer: Robert Venturi and Colin Rowe. Deleuze not only has a different view of "manners" from these authors — thinking not of mannered decorations attached to an essential shed or habitation, but rather manners detaching themselves from a habitation no longer seen as essential, something like the flowing folds of Baroque garb that detach themselves from the body — but he also starts from a different conception of "complexity" itself. His conception is not Venturi's notion of a contradictory or "difficult" whole; it is not Rowe's image of Cubist collage and Gestaltist

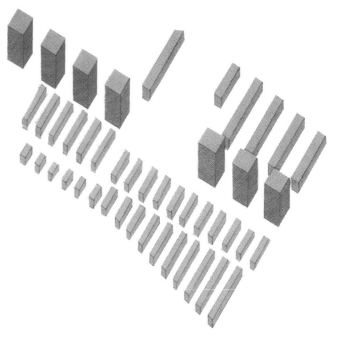

Deleuzes Buch auch lesen als: »....noch immer sind wir dabei zu implizieren, zu explizieren und zu replizieren«. Es gibt jedoch ein Wort aus dieser Familie, das auf eine lateinische »Einfaltung« des Griechischen und dadurch auf die griechische oder dialektische Falte zurückgeht, das für Deleuze besonders wichtig ist und durch dessen Sicht er alles andere sieht: das Wort »vielfältig« (*multiple*). So erklärt er schon auf der ersten Seite seines Buches: »Vielfältig ist nicht nur, was viele Teile hat, sondern auch, was auf viele Arten gefaltet ist«.

Ein charakteristisches Prinzip in Deleuzes Philosophie ist, daß das Vielfältige vor dem Einen kommt. In diesem Sinne sind Gegebenheiten niemals Einheiten oder Totalitäten, sondern eher »Vielfältigkeiten«, innerhalb derer Brennpunkte der Einswerdung oder Zentren der Totalisierung existieren. Was in diesen Vielfältigkeiten zählt , sind nicht so sehr die einzelnen Bedingungen oder Bestandteile, sondern die Beziehungen zwischen ihnen oder ihren Verschiedenheiten. Um die in die Vielfältigkeit »eingefalteten« Ideen zu extrahieren, muß man sie auseinanderfalten, indem man die Linien aufzeigt, aus denen sie besteht. Vielfältigkeit beinhaltet daher eine besondere Art von Komplexität – eine Komplexität durch Divergenz, bei der es nicht darum geht, die Einheit in der Vielfalt zu finden, sondern im Gegenteil die Einheit nur als ein Zusammenhalten von etwas zu sehen, das zuvor getrennt war oder tatsächlich getrennt ist. Die Komplexität besteht daher nicht in dem Einen, das auf unterschiedliche Weisen ausgedrückt wird, sondern eher in der Tatsache, daß eine jede Sache immer wegstrebt oder sich auf andere faltet, so wie der immer weiter sich aufgabelnde Weg in Borges' legendärem Garten. Ein »vielfältiges« Gewebe ist so beschaffen, daß man es nie gänzlich auffalten oder definitiv erklären (»explizieren«) kann. Denn dies würde bedeuten, daß man es erst recht falten oder komplizieren würde. Obwohl es also aussehen mag, als ob Deleuze überall nur Falten sieht, ist die Falte für ihn kein universales Muster oder Modell; und in der Tat sind keine zwei Dinge in derselben Weise gefaltet. Das Vielfältige ist daher ebensowenig ein Fragment oder Bruchstück, das eine verlorengegangene oder fehlende Einheit vorraussetzt, wie sein unaufhörliches Auseinanderstreben eine Zerstückelung eines ursprünglich ganzen Organismus bedeutet.

In dieses Bild divergierender Komplexitäten und der vielfach gefalteten Gewebe gehört auch die »Komplizenschaft« zwischen der Deleuze'schen und Eisenman'schen Falte: die Idee des Zusammenfaltens

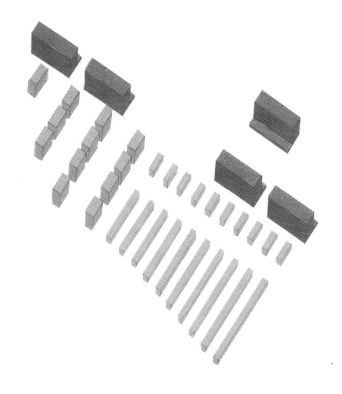

Preliminary building envelopes were chosen to satisfy zoning and program development requirements. In these studies, commercial areas to the northeast of the site occupy frontage property along the Autobahn and flank valuable forest growth in the center of the site, while housing is located to the interior of the block next to the park. Privately financed housing to the southwest and public housing to the southeast allow low-rise structures — the more densely developed portion of the site — to mediate between the high-rise point blocks of the commercial zone and the public park.

Ein vorläufiges Raumprogramm wurde herangezogen, um Erfordernisse der Geländeaufteilung und der Wettbewerbsbedingungen zu erfüllen. In diesen Entwürfen nehmen Büro- und Geschäftshäuser den Streifen zwischen der Autobahn im Nordosten und wertvollem Baumbestand im Zentrum des Areals ein, während das Wohngebiet neben dem Park im Inneren des Galändes geplant ist. Frei finanzierte Wohnhäuser im Südwesten und Sozialwohnungen im Südosten erlauben niedrige Bauten und eine dichtere Bebauung, um das Gegengewicht zu den Hochhäusern der Geschäftszone und dem Park andererseits zu bilden.

perception. For the first reduces complexity to the totality and simplicity of compositional elements, and the second reduces depth to the simultaneity of figure and ground. Thus they eliminate that which makes complexity multiple and divergent and what makes depth intensive and ungrounded. They assume a bounded or framed space in which discrete elements may be associated with one another, more or less ambiguously; and so they subordinate diversity to unity, rather than seeing unity as a contingent operation holding together a potential divergence. That is why their thought leads to the sort of liberal-minded, empiricist "toleration of ambiguity" which they oppose to the revolutionary-minded rationalist promise of a New Order. By contrast, Deleuze's conception of complexity-in-divergence leads to the Question; it leads to the practical ethic of not being unworthy of what is disturbing the spaces we inhabit — of this Other who is knocking at our door. It involves a notion of "distance" or "distantiation," which allows Deleuze to find something Baroque in Constructivism, as well as in Foucault's idea that the only sort of perplexity worth pursuing is the one that takes us from ourselves.

Deleuze thus speaks not only of implication, explication and replication but also of what he calls "perplication" in *Différence et répétition:* a folding-through or folding-across. "Perplications" are those "cross-foldings" that introduce a creative distantiation into the midst of things. Such distance is the holding-apart — what Deleuze calls the "disparation" — of a space that opens in it the chance of a "complex" repetition (not restricted to the imitation of a pregiven model, origin, or end), of a "free" difference or divergence (not subordinated to fixed analogies or categorical identities). Perplications are thus what allows one to trace the "diagonal lines" in a fabric that "cut across" it so as to "fold" it again. They are the times of "the question." For, it is just when a question comes into a space that the space discovers its free complexity; and conversely, when a space freely complicates itself it always opens itself to question. This "perplexing" sort of complication is thus not a matter of resolving a contradiction, as with Venturi, but rather of what Deleuze calls "vicediction," or the weaving together of a multiplicity. And it is concerned with a kind of depth that is not a ground, as with Rowe, but rather the "groundless" depth of an intensive space in the extensive one that includes or frames it. Perplications are thus the foldings that expose an intensive multiple complexity in the fabric of things rather than a contradictory framed one; they unearth

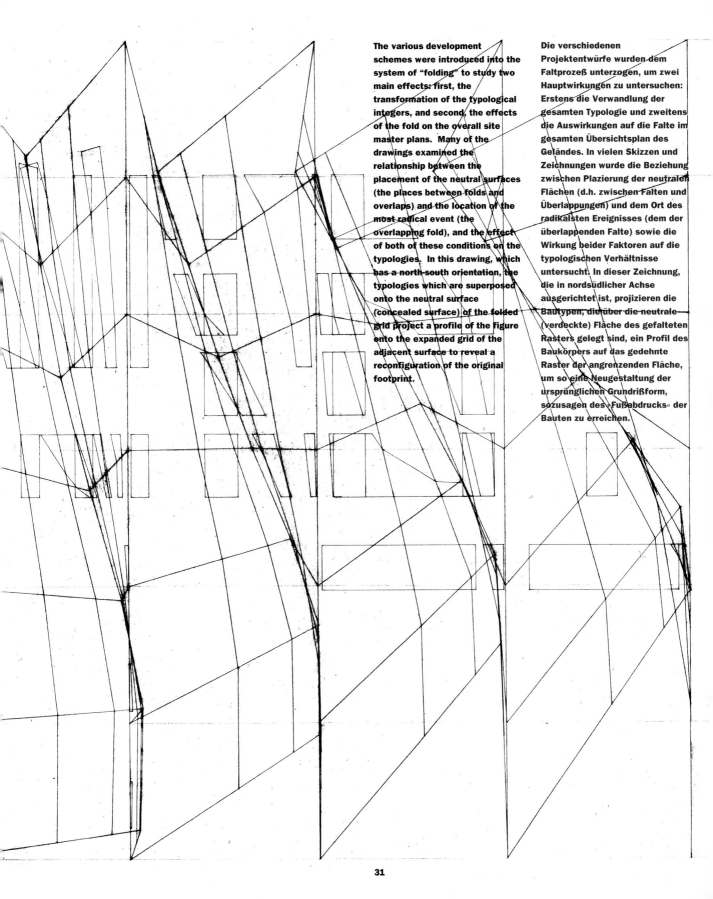

The various development schemes were introduced into the system of "folding" to study two main effects: first, the transformation of the typological integers, and second, the effects of the fold on the overall site master plans. Many of the drawings examined the relationship between the placement of the neutral surfaces (the places between folds and overlaps) and the location of the most radical event (the overlapping fold), and the effect of both of these conditions on the typologies. In this drawing, which has a north-south orientation, the typologies which are superposed onto the neutral surface (concealed surface) of the folded grid project a profile of the figure onto the expanded grid of the adjacent surface to reveal a reconfiguration of the original footprint.

Die verschiedenen Projektentwürfe wurden dem Faltprozeß unterzogen, um zwei Hauptwirkungen zu untersuchen: Erstens die Verwandlung der gesamten Typologie und zweitens die Auswirkungen auf die Falte im gesamten Übersichtsplan des Geländes. In vielen Skizzen und Zeichnungen wurde die Beziehung zwischen Plazierung der neutralen Flächen (d.h. zwischen Falten und Überlappungen) und dem Ort des radikalsten Ereignisses (dem der überlappenden Falte) sowie die Wirkung beider Faktoren auf die typologischen Verhältnisse untersucht. In dieser Zeichnung, die in nordsüdlicher Achse ausgerichtet ist, projizieren die Bautypen, die über die neutrale (verdeckte) Fläche des gefalteten Rasters gelegt sind, ein Profil des Baukörpers auf das gedehnte Raster der angrenzenden Fläche, um so eine Neugestaltung der ursprünglichen Grundrißform, sozusagen des »Fußabdrucks« der Bauten zu erreichen.

By contrast, the original footprint of this typology conforms to the distortions of the folded grid in its orientation only, i.e., it is not relocated or projected onto another surface of the net as it was in the previous drawing because of the way in which *this* typology falls into *this* fold.

Im Gegensatz dazu stimmt der ursprüngliche Abdruck dieses Bautyps mit den Verzerrungen des gefalteten Rasters nur in seiner Ausrichtung überein, d.h. er wird nicht neu plaziert oder auf eine andere Fläche des Rasternetzes projiziert wie in der vorhergehenden Zeichnung, weil diese Typologie wieder anders in die Falte »hineinfällt«.

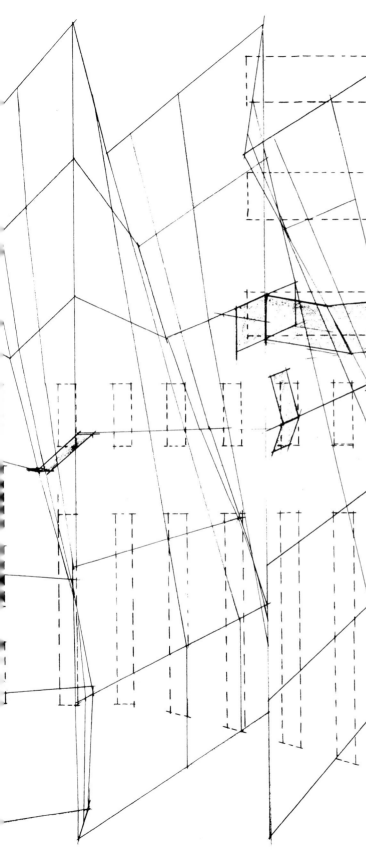

oder der Komplikation, die nicht auf Beziehungen zwischen unterschiedlichen Elementen in Zeit und Raum reduziert ist. Sie setzt vielmehr eine fremde, unsichtbare und »Grund-lose« Tiefe voraus, aus der eine eigene Vorstellung von Raum und Zeit ausbricht. Unter Bezugnahme auf solche »verdichtete« Komplexitäten versuchen beide Autoren, sich zugleich vom kartesianischen Raum wie vom Aristotelischen Ort zu entfernen. So wie es Deleuze formuliert: »Ich mag keine Punkte. *Faire le point* (schlußfolgern, auf den Punkt kommen), scheint mir einfältig zu sein. Nicht die Linie liegt zwischen zwei Punkten, sondern der Punkt im Schnitt mehrerer Linien«.

Perplikation. Natürlich stellt Deleuze nicht als erster die Frage nach der Komplexität in der Architektur oder bringt sie mit dem Manierismus oder dem Barock in Zusammenhang. Im Gegenteil: diese Diskussion steht in einem komplexen historischen Zusammenhang, in den auch Walter Benjamin mit seiner Studie zum barocken Trauerspiel aus der ersten Generation der »Frankfurter Schule« gehört. Auf dieses Trauerspiel greift Deleuze in *Le Pli* zurück. Aber noch wichtiger für das Verständnis Peter Eisenmans und seiner Generation sind zwei Autoren, die Deleuze nicht erwähnt: Robert Venturi und Colin Rowe. Deleuze hat nicht nur eine andere Sicht von der »Manier« als diese zwei Autoren. Es geht ihm nicht um die manierierte Dekoration, die an einer lebensnotwendigen Behausung angebracht wird, sondern eher um die »Manier« selbst, die sich von einem nun als entbehrlich erachteten Gebäude abhebt – etwa so wie die fließenden Falten eines barocken Gewandes sich vom Körper lösen. Er geht auch von einem anderen Konzept der »Komplexität« aus. Es ist nicht Venturis Idee eines widersprüchlichen oder schwierigen Ganzen, es ist aber auch nicht Rowes Vorstellung von kubistischen Collagen und gestalttheoretischer Wahrnehmung. Denn der eine reduziert Komplexität zur Totalität und Simplizität kompositorischer Elemente, während der andere Tiefe reduziert, bis zur Gleichwertigkeit von Figur und Grund. So eliminieren sie genau das, was Komplexität ausmacht, was Tiefe intensiviert und »Grund-los« macht. Sie gehen von einem eingegrenzten und eingerahmten Raum aus, in dem unabhängige Elemente miteinander mehr oder weniger zweideutig verbunden werden können. Und so ordnen sie die Vielfalt der Einheit unter, anstatt Einheit als eine Möglichkeit zu sehen, ein potentielles Divergieren zu verhindern. Deshalb führt ihr Denken sie zu einer liberal gesonnenen, empiristischen »Toleranz der Ambiguität«, die sie der revolutionär gesonnenen, rationalen Vision

33

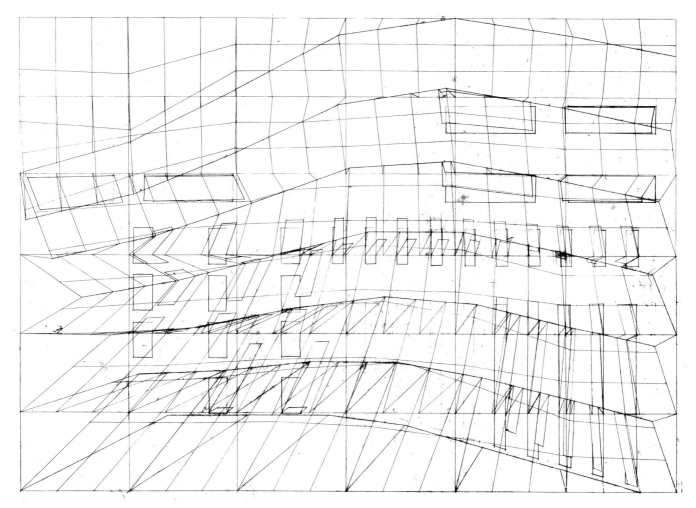

"within" a space the complications that take the space "outside" itself, or its frame, and fold it again. For Deleuze this deep or groundless complexity is always *virtual* — "disparation" is always a virtuality in a space, a sort of potential for free self-complication. But such "virtuality" cannot be a *dynamis* any more than such "actuality" can be an *energeia*; otherwise complexity would be reduced to the unity of pregiven origins and ends. "Intensity" is rather a non-dynamic energy; and "actuality" always occurs in the midst of things, just as "virtuality" is always found in their intervals. Thus the sort of "virtual space" that a "line of actuality" exposes in a fabric is not at all a possibility or a design to be integrally realized within a fixed frame, but rather the movement of a question that opens onto new uncharted directions. That is why the times of perplication that hold a space apart are times of a peculiar sort: not times of the instantiation of eternal forms, not times of the continuation of traditional customs, but the "untimely" moments that redistribute what has gone before while

When the net is oriented in the east-west direction typologies fold perpendicular to the neutral plan of the cusp, suggesting both a localized reconfiguration of the typology and an iterative continuation of the process; as the figures travel through the perpendicular fold they span the competition site, encountering and combining with other building footprints to ultimately produce a second, overall figure which covers the entire competition site.

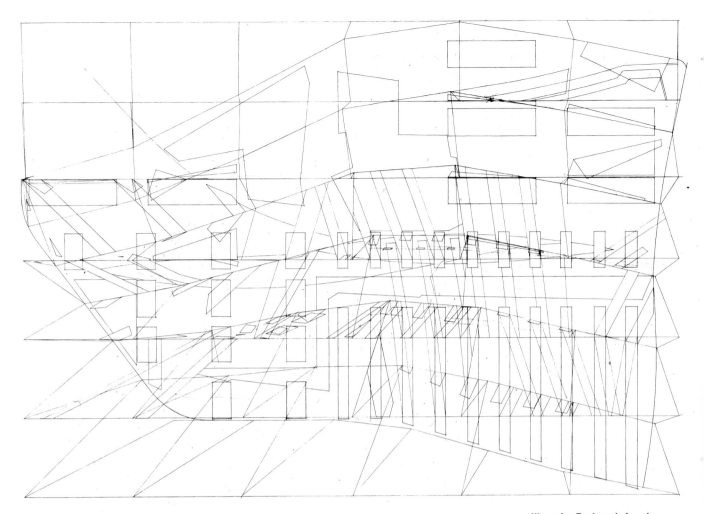

einer neuen Ordnung gegenüberstellen. Im Gegensatz dazu führt Deleuzes Konzeption einer Komplexität-in-Divergenz zur »Großen Frage«, nämlich zur praktischen Ethik, des »Anderen« nicht unwürdig zu sein, wenn es an unsere Tür klopft und störend in die von uns bewohnten Räume eindringt. Dies setzt ein Gefühl für Distanz voraus – für Distanzierung – was Deleuze im Konstruktivismus etwas Barockes entdecken läßt, ebenso wie in Foucaults Gedanken, daß einzig eine Perplexität, die uns von uns selbst wegführt, wert ist, angestrebt zu werden.

Deleuze spricht deshalb in *Différence et répétition* nicht nur von Implikation, Explikation und Replikation, sondern auch von »Perplikation« – womit er ein »Durch-und-durch-falten« oder »kreuz-und-quer-falten« bezeichnet. Eine »Perplikation« ist für ihn eine Art Querfalte, welche eine kreative Distanzierung in die Mitte der Dinge einbringt. Diese Distanz besteht im Auseinanderhalten – Deleuze nennt es »Disparation« –

Wenn das Rasternetz in ost-westlicher Achse ausgerichtet ist, falten sich die Bautypen rechtwinklig zum neutralen Plan der »Schmetterlings-Flügelspitze« und vermitteln auf diese Weise sowohl eine örtlich begrenzte Neugestaltung der Typologie als auch eine sich fortsetzende Wiederholung dieses Prozesses. Indem die Linien und Felder die senkrechte Falte »überqueren«, überspannen sie das ganze Wettbewerbsgelände und verbinden sich dabei mit anderen Baukörperformen, um schließlich eine Gesamtgestalt zu gewinnen, die das ganze Areal füllt.

opening up what may yet come.

In such perplicational terms one may then read Peter Eisenman's motto reported by Tadao Ando: "In order to get...to a place, you have to...blow it apart...you have to look inside it and find the seeds of the new...." One must "disparate" a space or blow it apart to find the complexity of which it is capable; and conversely, the deep or intensive complexity of a space is shown in those moments that hold it apart, taking it out of itself, so that it can be folded anew. In Eisenman's words: one must make "present" in a space its implicit "weakness" or its "potential for reframing." The principles of his perplication are then that there is no space and no place that is not somewhat "weak" in this sense, and "weakness" is always imperceptible, prior to the point of view that one normally has of the space or the place. Thus where architectural or urban vision for Venturi and Rowe remains a matter of discovering an imperceptible unity in a perceptible diversity of elements, in the Rebstock project it becomes a matter of "indexing" an imperceptible disparation in what presents itself as a perceptual totality.

The Rebstock Fold. What then is an "architecture of the *informe?"* One of Eisenman's words for it is "excess." An architecture of the *informe* is one that exposes its containing grid as "constraining" or "framing" something that is always *exceeding* it, surpassing it or overflowing it. The grid has always been a central element in Eisenman's architecture and architectural discourse. In the Rebstock project, it does not disappear; it is not, and cannot be, abolished. The strategy is rather to introduce something into — or, more precisely, to find something "implicated in" — the gridded space which it cannot contain, which leaks or spills out of it, linking it to the outside. In this way the grid becomes only a dimension of the "folding" of the space in which it figures.

To discuss the grid, Eisenman uses the term "frame" as it has been elaborated by Jacques Derrida, notably in his work *The Truth in Painting*: Insofar as Derrida says the dream of a completely unframed space is vain (and that "deconstruction" is not that dream), one might say there is no such thing as a gridless architecture. And yet, there exists a "complexity," or a potential for folding, that is not contained within any frame or grid. On the contrary, a frame or grid only exists within a larger virtual complexity that exceeds it. Thus what is implicit in a space, which it cannot frame, may at any

A study of the competition site with a model of the four commercial blocks to the northeast. Building footprints, which were conceived as existing both above and below the folded grid, project two simultaneous figures onto the site as folding operations begin at both ends of the footprint, causing each figure to reappear at different locations.

Studie des Wettbewerbsgeländes mit Modell der vier Bürohäuserkomplexe im Nordosten. Es bestand die Konzeption, daß Form und Umfang der Grundrisse sowohl über als auch unter dem gefalteten Raster existieren und so gleichzeitig zwei Formen auf das Gelände projizieren, da die Auffaltungsarbeiten an beiden Enden beginnen und an verschiedenen Stellen wieder auftauchen.

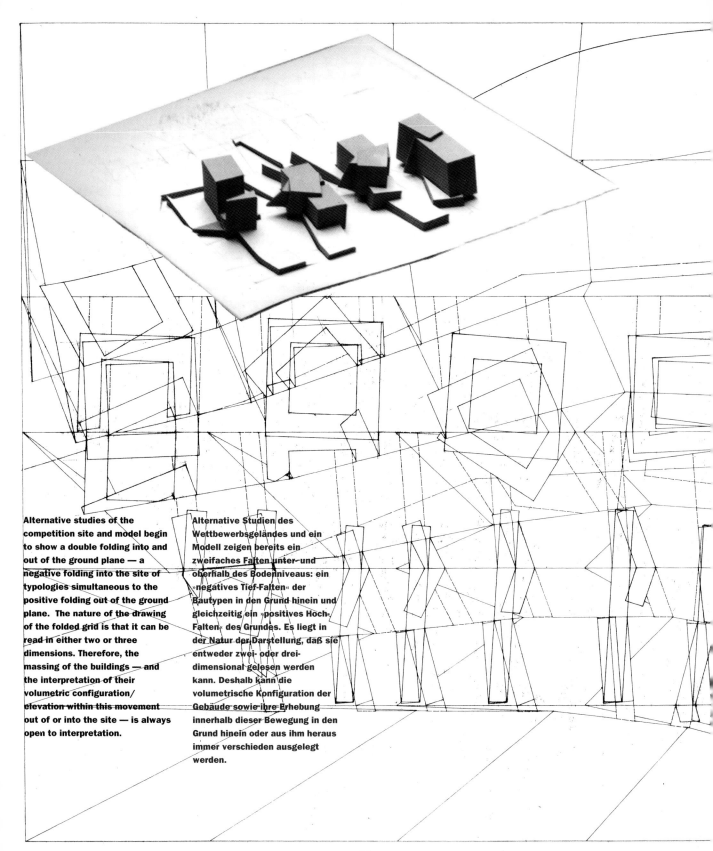

Alternative studies of the competition site and model begin to show a double folding into and out of the ground plane — a negative folding into the site of typologies simultaneous to the positive folding out of the ground plane. The nature of the drawing of the folded grid is that it can be read in either two or three dimensions. Therefore, the massing of the buildings — and the interpretation of their volumetric configuration/elevation within this movement out of or into the site — is always open to interpretation.

Alternative Studien des Wettbewerbsgeländes und ein Modell zeigen bereits ein zweifaches Falten unter- und oberhalb des Bodenniveaus: ein »negatives Tief-Falten« der Bautypen in den Grund hinein und gleichzeitig ein »positives Hoch-Falten« des Grundes. Es liegt in der Natur der Darstellung, daß sie entweder zwei- oder drei-dimensional gelesen werden kann. Deshalb kann die volumetrische Konfiguration der Gebäude sowie ihre Erhebung innerhalb dieser Bewegung in den Grund hinein oder aus ihm heraus immer verschieden ausgelegt werden.

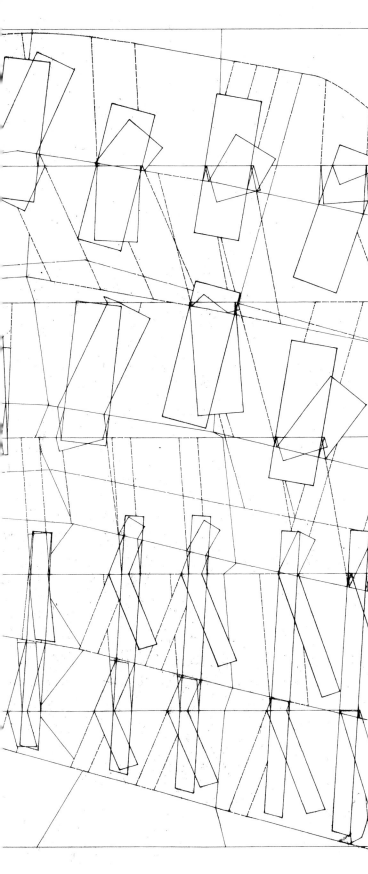

des Raumes. Sie bietet die Chance zu einer »komplexen« Wiederholung (die sich nicht auf die Imitation eines vorgegebenen Modells, Anfangs oder Endes beschränkt) oder zur »freien« Differenz oder Divergenz, die nicht festen Analogien oder kategorischen Identitäten untergeordnet sind.

Perplikationen lassen uns so die diagonalen Linien entdecken, die das Gewebe »durchschneiden«, um es wieder zu »falten«. Sie sind die Zeiten der »Großen Frage«. Denn gerade dann, wenn eine Frage in den Raum dringt, entdeckt dieser seine freie Komplexität. Und wenn umgekehrt ein Raum sich selbständig verkompliziert, öffnet er sich immer auch für Fragen. Bei dieser »perplexen« Art der Komplikation geht es demnach nicht um die Lösung eines Widerspruches (»contradiction«) wie bei Venturi, sondern eher um den »Gegenspruch« (»vicediction«), wie Deleuze es nennt, oder das Zusammenweben von Vielfältigkeiten. Ziel ist eine Art Tiefe, die nicht Grund ist, wie bei Rowe, sondern vielmehr die »Grund-lose« Tiefe eines intensiven Raumes innerhalb eines extensiven, der ihn umschließt oder ein-rahmt. Perplikationen sind also Faltungen, die im Gewebe der Dinge eher eine intensive und vielfältige Komplexität entfalten als eine widersprüchliche, eingegrenzte. Sie decken »innerhalb« eines Raumes die Komplikationen auf, die den Raum außerhalb seiner Grenzen oder seines Rahmens tragen, und falten ihn erneut. Für Deleuze ist diese tiefe und Grund-lose Komplexität immer virtuell im Raum existent. »Disparation« ist immer eine Realität im Raum, eine Art Potential zur uneingeschränkten Selbstverkompli-zierung. Jedoch kann solche »Virtualität« keine *dynamis* sein, ebensowenig wie solche »Aktualität« *energeia* sein kann, denn andernfalls würde sich Komplexität zu einer Einheit aus vorgegebenen Anfängen und Schlüssen reduzieren. »Intensität« ist eher eine nicht dynamische Energie; und »Aktualität« ereignet sich immer in der Mitte der Dinge; ebenso »Virtualität« immer in deren Zwischenräumen. Daher ist auch die Art von »virtuellem Raum«, der von einer Reihe von »Aktualitäten« in einem Gewebe offengelegt wird, auf keinen Fall eine Möglichkeit oder ein Entwurf, der vollständig innerhalb eines abgesteckten Rahmens realisiert werden könnte, sondern eher die Bewegung einer Frage, die sich in neue, unbekannte Richtungen öffnet. Daher sind auch die Momente der Perplikation, die den Raum auseinanderhalten, von besonderer Art – es sind nicht Momente der »Veraugenblicklichung« von ewigen Formen, auch nicht der Fortdauer von traditionellen Gebräuchen, sondern »unzeitgemäße« Augenblicke, die aufs neue verteilen, was vorher verloren war, während

point or moment break out of it and cause it to be reframed. "Reframing," in other words, is a virtuality in all "framed" complexities.

For Eisenman, in the case of architecture this means that there exists something that exceeds Vitruvian commodity, firmness, and delight — something that cannot be simply read as the adequation of Form to structure, site, or function, but that allows Form to detach itself from such determinants and to freely fold: namely, the intensity that releases an "excess" which takes a space outside its bounds, or through which it becomes "beside itself." The condition of the *informe* would then be that of this intensive space that seems to break out of the intervals of the articulating elements of the bounded space and the traditional place in which it occurs, with a free, smooth "rhizomatic" energy that exceeds the framing of site, plan, and program.

This cluster of ideas is then what distinguishes "the folding" of Rebstockpark from Eisenman's earlier attempts at "superposition." Superposition still preserves the simultaneity of figure and ground, and thus does not yet find or invent a groundless, smooth depth. In Rebstock, Eisenman starts to work instead with a type of com-plication which is no longer a matter of linear juxtaposition in an empty space or "canvas," but which rather assumes the guise of a great "transmorphogenic" irruption in three-dimensional space. Rebstock is a smooth, folded space rather than a striated, collaged one, and so no longer appears rectilinear or "Cartesian." Thus the Idea of the project (as distinct from its program or plan) passes from a punctual dislocation of a Place to a multilinear smoothing out of a Site, and from notions of trace and archaeology to notions of envelopment and actuality — to the attempt to release new points of view or readings of the "context," that would be imperceptibly implicit in it.

In Rebstockpark, the housing and commercial units no longer figure as discrete extrusions out of a planar, gridded space, but appear to have been deformed through an intensive *intrusion* that seems to have come from nowhere and to take one elsewhere. They appear as though they were the remains of an irruption that had broken out of the ground and had returned to it, suggesting that such a "catastrophic" occurrence might arise again anywhere in the calm solidity of things. The Rebstock Fold is thus not only a figural fold as in Origami — not simply a matter of folded figures within a free container or frame. Rather the container itself has been folded together, or complicated, with the figures. Rebstock is folding in three dimensions. Hence one is not just dealing with an urban "pattern;" rather it is the urban "fabric" on which the pattern is imprinted that is folded along this line, thereby becoming more complex, more multiplex. The periphery of the plot thus ceases to

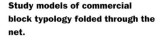

Study models of commercial block typology folded through the net.

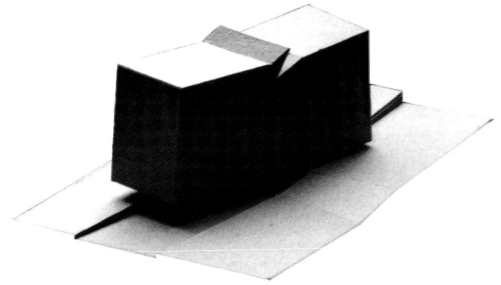

sie sich für das öffnen, was noch kommen mag.

Vor dem Hintergrund der »Perplikation« kann man auch das von Tadao Ando zitierte Motto Peter Eisenmans sehen: »Um zu einem Ort zu gelangen, muß....man ihn erst sprengen.... Man muß hineinsehen und den Keim des Neuen finden.« Man muß einen Raum »in seine Teile zerlegen« oder ihn sprengen, um die ihm innewohnende Komplexität zu finden. Umgekehrt zeigt sich die tiefe oder intensive Komplexität eines Raumes in jenen Momenten, die ihn auseinanderhalten, ihn aus sich selbst herausnehmen, um ihn dann aufs neue zu falten. In Eisenmans Worten: »Man muß in einem Raum die in ihm implizierte Schwäche (*weakness*) oder sein Potential für eine Wiedereinrahmung vergegenwärtigen.« Die Grundsätze seiner Perplikationen sind weiterhin, daß es keinen Raum oder Ort gibt, der nicht irgendwie in diesem Sinne »schwach« ist, und daß »Schwäche« unter normalen Blickwinkeln von Raum oder Ort nicht erfahrbar ist. Während es für Venturi und Rowe in der architektonischen oder urbanen Vision um das Entdecken einer nicht wahrnehmbaren Einheit innerhalb einer wahrnehmbaren Mannigfaltigkeit von Elementen geht, wird sie im Projekt für den Rebstockpark zu einer Frage des »Indizierens« von nicht wahrnehmbaren Unvereinbarkeiten in dem, was sich als wahrnehmbare Totalität präsentiert.
Die Falte des Rebstocks. Was ist dann aber eine Architektur »de l'Informe...?« Eines von Eisenman dafür gebrauchten Wörter ist »*excess*«. Eine Architektur de *l'Informe* deckt auf, daß das in ihr enthaltene Raster hemmend und eingrenzend wirkt auf das sich ständig über das Raster hinaus Ausdehnende, Überfließende. Das Raster war immer ein zentrales Element in Eisenmans Architektur und seinem architektonischen Diskurs. Auch im Rebstockparkprojekt wird es nicht verlorengehen. Es ist nicht aufgegeben, kann nicht aufgegeben werden. Eisenmans Strategie ist vielmehr, etwas in den gerasterten Raum einzufügen, oder besser, etwas in ihm Impliziertes zu finden, was er selbst nicht zu halten vermag, was leckt oder ausfließt und ihn mit der Umgebung verbindet. Auf diese Weise wird das Raster nur zu einer der Dimensionen des Faltprozesses im Raum, in dem es operiert.

Um das Raster zu diskutieren, benutzt Eisenman das Wort »Rahmen« in derselben Bedeutung, wie es Jacques Derrida besonders in seinem Werk *The Truth in Painting* entwickelt: So wie Derrida den Traum vom völlig ungerahmten Raum als müßig erachtet und meint, daß Dekonstruktion auch nicht dieser Traum sei, mag man festhalten, daß es so etwas wie eine rasterlose Architektur nicht gibt. Dennoch besteht eine Komplexität, oder ein Faltungspotential, das nicht innerhalb eines Rahmens oder Rasters eingeschlossen ist. Rahmen oder Raster existieren im Gegenteil nur in einer weiterreichenden, virtuellen Komplexität, die über sie hinausreicht. Was in einem Raum implizit ist aber

Modellstudien für einen nach dem Rasternetz gefalteten kommerziellen Blocktypus.

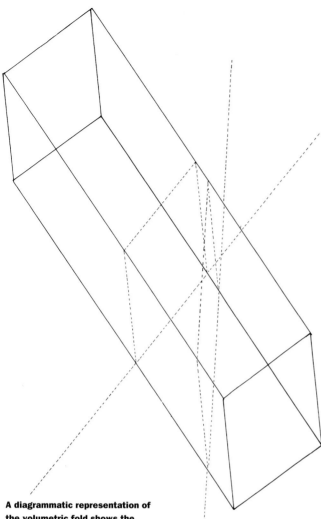

A diagrammatic representation of the volumetric fold shows the folded site grid as it reconfigures the typology. The nature of the fold is that it replicates multiple cusp figures in the type suggesting further iteration in the development of each building. Folding as a morphological discourse allows for the possibility of any fold, no matter how slight or delicately poised, to reconfigure its context entirely with the simple unfolding of a minor cusp.

be its defining edge and becomes instead one dimension of an uncentered folding movement which overtakes the site, pushing through and out of it like a sudden whirlwind.

Thus the units or their juxtaposition no longer define the spaces in between them as more or less filled voids. On the contrary, it is the space in between the units that has come alive; for the "crease" of the fold intrudes from the midst of them. The crease line — an intrusive or fault line — now seems to differentiate or distribute the units in a non-contiguous continuity, where each unit becomes singular or disparate, even though it "co-implies" the others along the line. The crease is thus not a coordinating, containing, or directional line — it does not resolve an inner contradiction, establish a "difficult whole," or juxtapose figures as in a collage. It is rather a free "vicedictory" line which instead of going from one point to another, traces a multidimensional space, without fixed points of beginning and ending, of which one can never be quite sure where it has come from or where it is going.

The Rebstock fold is thus an intensive line, energetic without being dynamic, dimensional without being directional. But it is also a "perplicational" or "perplectic" line. For it does not follow the "strong" determinations of the program, the structure, or the site alone, but tends at the same time to take one "outside" them. While in functional terms the crease of the fold is the connecting space between the various activities to be carried out in the modules, in architectural terms it offers the sense of sudden emergence in the site and its activities of another "free" space that escapes them. It has the look of the arrested moment of an irruption, whose cause is unknown or "external" to the site and its uses, and the feel of an explosive energy that seems to come from somewhere else. Thus the fold "distances" one from the habitual perception or reading of the space, as if to transport one to this "elsewhere" where things go off in unimagined directions or are folded again.

Because Rebstock is in this way folding in three dimensions, its flowing movement cannot be wholly captured in a figure-ground plan. The plan is only one point of view, one aperture or opening onto a movement which since it is "smooth" cannot be "drawn" as in a coordinated projection. Indeed Eisenman thinks that the whole relation to projective drawing changes. "Folding" cannot be projected from a combination of plan and

nicht eingegrenzt werden kann, mag darum an jeder Stelle oder jederzeit daraus ausbrechen und Anlaß zur »Wiedereinrahmung« geben. »Wiedereinrahmung« ist mit anderen Worten eine Tatsache in allen »gerahmten« Komplexitäten.

Für Eisenman existiert im Falle der Architektur etwas, was den vitruvianischen Kategorien von Bequemlichkeit, Festigkeit und Erbauung übergeordnet ist, was nicht einfach gelesen werden kann als die Angleichung der Form an die Struktur, an das Grundstück oder die Funktion, sondern der Form erlaubt, sich von diesen Determinanten loszulösen und frei zu falten: nämlich die Intensität, die den *Excess* freisetzt, der einen Platz außerhalb ihrer Grenzen besetzt und dadurch sozusagen neben sich selbst existent wird. Der Zustand des *Informe* wäre dann der eines verdichteten Raumes, der auszubrechen scheint aus den Zwischenräumen der den begrenzten Raum und den traditionellen Ort artikulierenden Elemente, mit einer freien, weichen, Rhizom-artigen Kraft, die die Rahmung des Grundstücks, des Plans und des Programms sprengt.

Dieses Bündel von Ideen unterscheidet auch den »Faltprozeß« im Rebstockpark von Eisenmans früheren Versuchen mit »Superpositionen«. Die Superposition hält noch an der Gleichwertigkeit von Figur und Grund fest und findet oder erfindet darum noch keine bodenlose, geglättete Tiefe. Im Gegenteil dazu beginnt Eisenman im Rebstockparkprojekt, mit einer Art von »Kom-plikation« zu arbeiten, die nicht länger eine Frage des Nebeneinanders von Linien im leeren Raum oder auf der Leinwand ist, sondern eher die Gestalt eines großen »transmorphogenen« Ausbruchs in den drei-dimensionalen Raum annimmt. Rebstockpark ist ein gefalteter, geglätteter und nicht länger ein gefurchter, Collagen-artiger Raum und erscheint dadurch nicht mehr gradlinig oder »kartesianisch«. Dementsprechend bewegt sich die Idee des Projekts (im Unterschied zum Programm oder Plan) von einer punktweisen Ver-schiebung eines Ortes in Richtung auf ein multilineales Glätten des Raumes und gleichzeitig von der Idee »Spur und Archäologie« zu der Idee »Umhüllung und Aktualität« und zum Versuch, neue Blickwinkel oder neue Lesarten für den »Kontext« aufzutun, die vorher unsichtbar, aber doch in ihm impliziert waren.

Die Wohnhaus- und Bürogebäudeeinheiten werden im Rebstockparkprojekt nicht länger aus dem Plan im flächig gerasterten Raum in die dritte Dimension erweitert. Sie scheinen durch eine offensichtlich aus

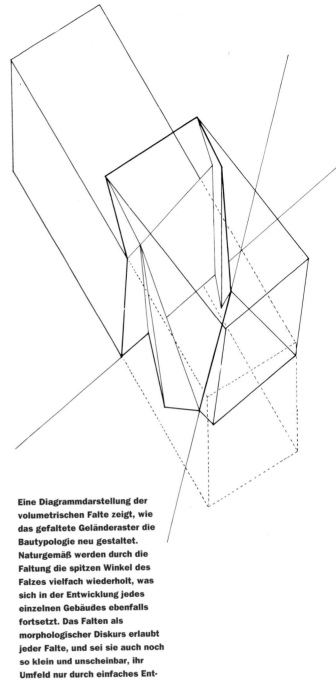

Eine Diagrammdarstellung der volumetrischen Falte zeigt, wie das gefaltete Geländeraster die Bautypologie neu gestaltet. Naturgemäß werden durch die Faltung die spitzen Winkel des Falzes vielfach wiederholt, was sich in der Entwicklung jedes einzelnen Gebäudes ebenfalls fortsetzt. Das Falten als morphologischer Diskurs erlaubt jeder Falte, und sei sie auch noch so klein und unscheinbar, ihr Umfeld nur durch einfaches Ent-Falten völlig neu zu gestalten.

section, but requires a topographical model and involves another kind of sign: the index. In this case the proverbial index finger points to something unseen, to a virtual movement that would not destroy the site, but would "reframe" it, setting it off in other directions. For the deep complexity of a site is always "implicit" — imperceptible in space, virtual in time. And that is why to discover it one must "blow the place apart." In Deleuze's idiom, one might say the index points to something that cannot be "mapped," but only "diagrammed" — the intensive space within the extensive one or the smooth space within the striated one.

What Eisenman calls "weak urbanism" may then be defined as the attempt to provide for a moment of urban "envelopment" in urban development, or to provide a place for urban "diagrammatization" within the space of urban "planning." The idea of the Rebstock Fold is to become this surface on which urban events would be inscribed with an intensive actuality. It thus involves a particular kind of point of view on the city.

Light Regimes. One can imagine different sorts of points of view or perspectives on the city: that of the cartographic photo from the plane above which gives the impression of a god's eye view; or that of someone who knows his own district or neighborhood so well that he can see the whole city refracted in it; or that of the *flâneur* — the perspective of the Baudelarian walk or the Situationist *dérive.* Implicit in Deleuze's texts there is another idea: the point of view of the "implications" and "perplications" of the city. Along with his conception of "complexity," there goes an art of seeing.

Folding and seeing, complexity and clarity, perplexity and illumination — it has long been asked how these go together. In Neoplatonism, the One is a *Lumen divinis,* faintly shining through the complications in everything, always waiting to be read again. And, via Scholem, one can find something of this tradition in Walter Benjamin's account of Baroque allegory. But in the Deleuzian multiplex, complexity is such that things can never be folded back to a first seeing, to a single source or "emanation" of Light. Rather than a god's eye view on everything, there are only new points of view that always arise everywhere, complicating things again. For light is not One but multiple, and one must always speak of *les lumières.* Illumination or clarification is thus never a complete reduction of complexity in order to obtain an uncomplicated or unfolded planar surface or

View of competition site looking west, showing the site figures of the cusp.

Ansicht der Wettbewerbsbebauung, die die Baukörper im spitzen Winkel des Geländes anordnet. Blick nach Westen.

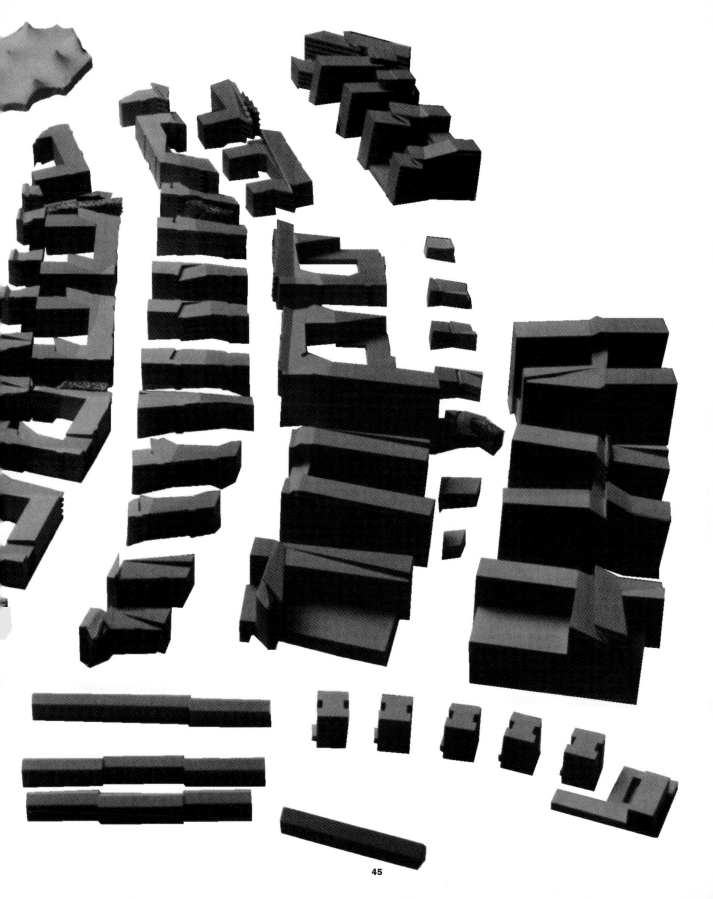

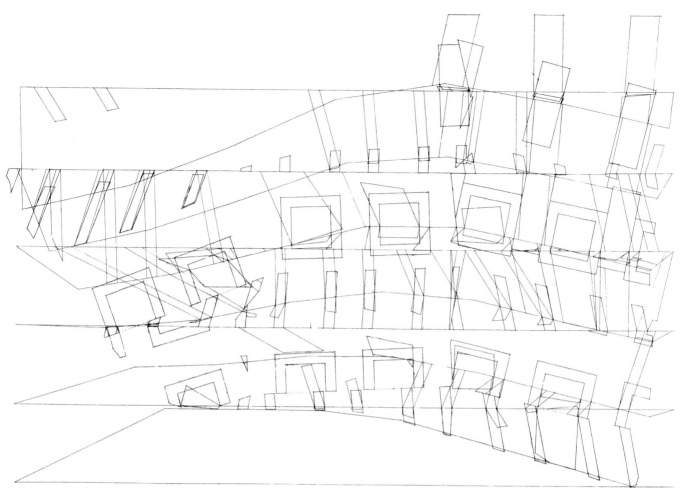

Within this context of event and fold, the complex volumetric folds can either be read as implicating the ground plane or as being informed by it. As with a puppet connected to strings, we assume the will of the hand to be privileged and to subordinate the expression of the puppet itself. However, as Deleuze explains, there is a continuum of activity within the string that transmits intensities in both directions, allowing the trajectories of the puppet to inform the hand at the same time the hand "manipulates" it. Therefore, reading the typology as subordinate to the site suggests a hierarchical order contrary to the economy of the fold.

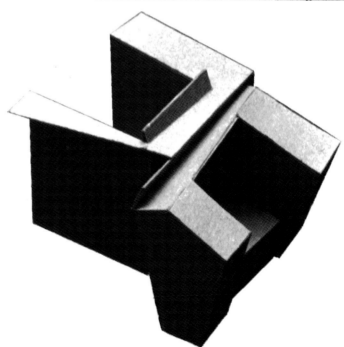

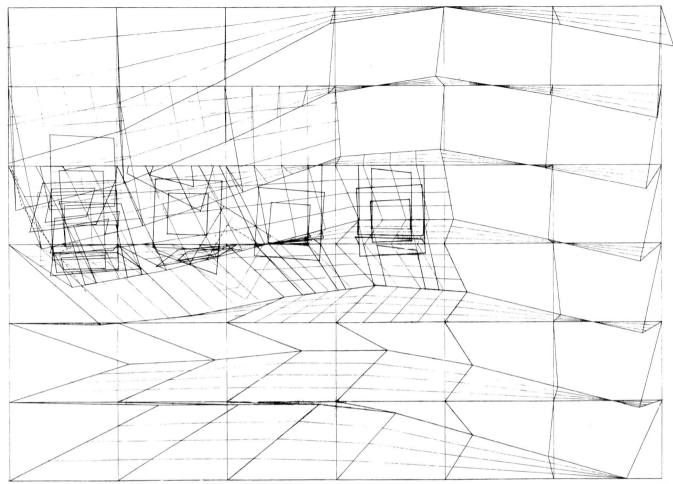

NORTH-SOUTHEAST

Im Kontext von Ereignis und Falte können die komplexen volumetrischen Faltungen entweder als den Grund einbeziehend oder von ihm einbezogen gesehen werden, ähnlich wie man beim Marionettentheater auch annimmt, daß der Wille der Spielerhand bestimmend ist und der Puppe keine eigene Ausdrucksmöglichkeit läßt. Jedoch gibt es, wie Deleuze erklärt, innerhalb des Fadens, an dem die Marionette hängt, ein Kontinuum an Aktivität, das in beide Richtungen intensiv ausstrahlt und so den Fäden erlaubt, die Hand im gleichen Augenblick zu beeinflussen, in dem sie die Puppe manipuliert. Deshalb würde eine Unterordnung der Typologie unter die Topographie eine hierarchische Ordnung bedeuten, die im Gegensatz zum Aufbau der Falte stünde.

dem Nichts kommende, woanders hinführende, intensive Kraft deformiert zu sein und machen den Eindruck von Überresten irgendeiner vom Grund ausgegangenen und wieder dorthin zurückgekehrten Eruption, andeutend, daß solche »katastrophenartige« Erscheinungen überall aus der ruhigen Solidität der Dinge heraus auftauchen können. Daher ist die Falte im Rebstockpark nicht nur eine figürliche Falte wie beim Origami – nicht nur eine einfach gefaltete Figur innerhalb eines offenen Behälters oder Rahmens. Vielmehr ist der Behälter zusammen mit der Figur gefaltet und verflochten. Der Rebstockpark ist »Faltung« in drei Dimensionen. Man hat es also nicht nur mit einem urbanen Muster zu tun, sondern eher mit einem städtischen »Gewebe«, in das entlang dieser Linie gefaltete Muster eingeprägt sind, um dadurch nur noch komplexer und vielfältiger zu werden. Die Peripherie des Grundstücks ist nicht läuger klar abgegrenzter Rand, sondern wird zur Dimension einer unzentrierten Faltbewegung, die über das Gelände herfällt und sich wie ein plötzlicher Wirbelwind einen Weg hindurch und wieder hinaus bahnt.

So definieren also die Einheiten oder ihre Gegen-überstellung den Raum dazwischen nicht mehr als mehr oder weniger gefüllte Lücken. Ganz im Gegenteil ist es der Raum zwischen den Einheiten, der jetzt durch den aus ihrer Mitte eindringenden »Faltenbruch« belebt wird. Die Falzlinie – oder auch Verwerfungslinie – scheint also die Einheiten in nicht aneinander

angrenzende Kontinuitäten zu differenzieren oder zu verteilen. Jede Einheit wird zu einem einmaligen und grundverschiedenen Ereignis, das aber weiterhin die anderen entlang der Linie »mit-impliziert«. Die Verwerfungslinie ist trotzdem nicht eine koordinierende, zusammenfassende oder gerichtete Linie – sie löst keinen inneren Widerspruch auf, schafft kein »schwieriges Ganzes« und stellt keine Figuren wie in einer Collage nebeneinander. Sie stellt eher eine freie, »mißleitende« Linie dar, die, anstatt von einem Punkt zum anderen zu gehen, einen mehrdimensionalen Raum nachzeichnet, ohne präzise Anfangspunkte oder Endpunkte, von denen man nie ganz sicher sein kann, woher sie kommen und wohin sie gehen.

Die Falte im Rebstockparkprojekt ist eine konzentrierte Linie, energiegeladen, ohne dynamisch zu sein, dimensional, ohne klar ausgerichtet zu sein. Aber sie ist auch »perplikatorisch« oder »perplektisch«. Denn sie folgt nicht den »starken« Gegebenheiten des Programms, der Struktur oder des Geländes alleine, sondern hat gleichzeitig die Tendenz, einen darüber hinauszuführen. Während funktionell gesehen der Faltenbruch den verbindenden Raum zwischen den sich in den Modulen fortsetzenden Aktivitäten darstellt, macht er in architektonischer Hinsicht den Eindruck eines plötzlich im Gelände und seinen Aktivitäten auftauchenden »freien« Raumes, der ihnen zu entfliehen sucht. Er erscheint wie der erstarrte Ausbruch, dessen Ursache im Unbekannten oder außerhalb des Grundstücks und dessen Funktionen liegt, und gibt das Gefühl einer explosiven Kraft, die von irgendwo anders herrührt. So wird man durch die Falte von der eigenen gewohnheits-mäßigen Erfahrung und Auslegung des Raumes »distanziert«, um zu diesem anderen Ort getragen zu werden, wo die Dinge in unerwartete Richtungen gehen oder noch einmal gefaltet werden.

Weil der Rebstockpark in diesem Sinne im dreidimensionalen Raum gefaltet ist, kann seine fließende Bewegung nicht ausschließlich in einem Figur-Grund-Schema dargestellt werden. Der Plan kann nur einen Blickpunkt wiedergeben, Blende oder Öffnung in einer »geglätteten« Bewegung, die deshalb nicht als Koordinatenprojektion gezeichnet werden kann. Tatsächlich meint Eisenman, daß die Einstellung zur projektorischen Zeichentechnik sich vollkommen ändern wird. »Faltung« kann nicht durch Grundriß und Schnitt dargestellt werden, sondern erfordert ein topographisches Modell und eine neue Zeichengebung: den Index. In diesem Falle deutet der sprichwörtliche

Indexfinger auf etwas bisher nicht Gesehenes, auf ein faktisches Ereignis, das nicht das Gelände zerstören, sondern es aufs neue »einrahmen« würde, indem es ihm eine andere Richtung gibt, da die tiefe Komplexität eines Geländes immer schon in ihm impliziert ist – unsichtbar im Raum und virtuell in der Zeit. Und deshalb muß man, um sie zu entdecken, den Raum »sprengen«. Man kann sicher behaupten, um mit Deleuze zu reden, daß der »Index« auf etwas hindeutet, das nicht anders dargestellt werden kann als »diagrammatisch«; der intensive im extensiven Raum, der geglättete im gefurchten.

Was Eisenman »weak urbanism« nennt, kann dann als der Versuch angesehen werden, ein Element der »Verwicklung« in die Entwicklung des Städtebaus oder eine »Diagrammatisierung« in die städtebauliche Planung einzuführen. Die Idee der Falte im Rebstockpark bedeutet, sie zur Oberfläche zu machen, auf der die städtebaulichen Ereignisse mit intensiver Aktualität eingeschrieben werden. Dies erfordert einen besonderen Blickwinkel auf die Stadt.

Regime des Lichts. Man kann sich unterschiedliche Sichtweisen oder Perspektiven der Stadt vorstellen: Da ist die kartographische Photographie aus dem Flugzeug, welche eine »göttliche« Sicht suggeriert, oder die Sicht desjenigen, der sein Viertel oder seine Nachbarschaft so gut kennt, daß er darin die ganze Stadt wiedergespiegelt sieht, oder die des Flaneurs: die Perspektive des Spaziergangs bei Baudelaire oder das Sich-Treiben-Lassen (*dérive*) der Situationisten. Bei Deleuze steckt noch eine andere Idee dahinter: die Sichtweise der »Implikationen« und der »Perplikationen« der Stadt. Seine Vorstellung von Komplexität ist eng verknüpft mit einer Kunst des Sehens.

Falten und Sehen, Komplexität und Klarheit, Perplexität und Erleuchtung – lange schon fragt man sich, wie diese Begriffe zusammenpassen. Im Neoplatonismus ist der Eine das *Lumen divinis*, das göttliche Licht, welches matt durch die Komplikationen der Dinge hindurch-scheint, immer darauf wartend, neu gesehen zu werden. Und durch *Scholem* kann man etwas von dieser Tradition in Walter Benjamins Darstellung der barocken Allegorik enthalten finden. Aber in der Deleuze'schen Vielfalt ist die Komplexität so beschaffen, daß die Dinge nie in den Zustand des ersten Sehens zurückgefaltet werden können, nie zurück zur einzigen Quelle, zur Ausströmung des Lichts. Es gibt dort im Gegensatz zum alles überschauenden göttlichen Blick nur immer und überall neu entstehende Gesichtspunkte, die die Dinge komplizieren. Da das Licht nicht Ein Einziges, sondern vielfältig ist, muß man von *les lumières* (den Lichten) sprechen. Erleuchtung oder Klärung reduziert die Komplexität nie so vollständig, daß man eine einfache oder entfaltete ebene Fläche oder Transparenz erhalten könnte. Im Gegenteil sind es in erster Linie die vielfältigen Komplikationen in den Dingen, die erleuchten und klären, indem sie aufs neue verteilen, was sichtbar, und was dunkel sein soll.

Deshalb geschieht es nach Deleuze gerade dann, wenn der Raum wie bei Leibniz oder im Barock »gefaltet« wird und eine kraftvermittelnde »Textur« bekommt, daß plötzlich auf zweifache Art und Weise ein Überwinden der kartesianischen Logik und Optik – des »Klaren und Getrennten« – möglich wird. Dort entsteht ein anderes »Regime des Lichts«, in dem Dinge untrennbar oder stetig sein können, obwohl sie »verschieden« sind, und im »Klaren« oder »Geklärten« nur eine Region innerhalb einer größeren Dunkelheit oder Unklarheit einnehmen; genau so wie die Figuren in den barocken Gemälden von Tintoretto oder El Greco aus dem dunklen Hintergrund hervortreten. Deshalb erleuchten oder klären die fensterlosen Monaden nur begrenzte Gebiete in den dunklen Komplexitäten der Welt, und Leibniz wird zu einem »perspektivistischen« Philosophen für eine Welt, die ihr Zentrum verloren hat und nicht mehr von der »Sonne des Guten« erleuchtet werden kann.

transparency. On the contrary, in the first instance, it is the multiple complications in things that illuminate or clarify, redistributing what may be visible and what may be obscure.

Thus, according to Deleuze, it is just when, in Leibniz and the Baroque, space becomes "folded," or acquires the sort of "texture" that can express force, that there is a dual departure at once from Cartesian logic and Cartesian optics — from the regime of the "clear and distinct." There arises another "regime of light," in which things can be inseparable or continuous even though they are "distinct," and in which what is "clear" or "clarified" is only a region within a larger darkness or obscurity, as when figures emerge from a "dark background" in the Baroque paintings of Tintoretto or El Greco. Thus the windowless monads illuminate or clarify only singular districts in the dark complexities of the world that is expressed in them; and Leibniz becomes a "perspectivist" philosopher for a world that has lost its center or that can no longer be illuminated by the Sun of the Good.

But our own *informel* foldings involve no less a type of seeing or perspectivism. For one can never see the deep intensity or virtual complexity of a space without changing one's point of view on it. To inhabit the intervals or disparities of a city — tracing a diagonal line in its fabric — is to see the city as never before: to see something not given to be seen, not already "there." It is divergences that permit "subjective" points of view or perspectives, and not "subjective" views of an unchanging, uncomplicated space that permit perspectival variation. That is why Deleuze says that the "there is" of light is not given by the subject or his field of vision; on the contrary, the subject and his visual field always depend on the light that is there. Illumination or enlightenment always comes from the midst or intervals of things; the "disparation" of a space is always a kind of illumination or enlightenment. It is as if through the crevices of the city and the cracks of its edifices, light were always seeping in, illuminating the lines of its becoming-other. In its intervals and imperceptible holes, *la ville* is thus always virtually *radieuse*. And that is why the free folding of its fabric is always illuminating.

Disparate Vision. The Rebstock Fold implies a peculiar sort of architectural vision: an art of light and sight whose principle is not "less is more," but "more or less than what is there." Folding is an art of seeing something not seen, something not already "there." The

Unsere eigenen informellen Faltungen erfordern nicht weniger eine Art Perspektivismus oder Sehen, zumal wir niemals die tiefe Intensität oder virtuelle Komplexität eines Raumes zu erkennen vermögen, ohne den eigenen Blickwinkel zu ändern. Die Diagonale im Stadtgewebe aufspüren, in den Zwischenräumen oder Unvereinbarkeiten einer Stadt wohnen, bedeutet die Stadt zu sehen, wie sie noch niemals zu sehen war: Etwas zu sehen, was nicht offensichtlich, nicht schon immer da war. Nicht der subjektive Blick auf unveränderbare und unkomplizierte Räume läßt Variationen in der Perspektive zu, sondern die Divergenzen erlauben subjektive Sichtweisen oder Perspektiven. Deshalb meint Deleuze, daß die Existenz des Lichtes weder vom Subjekt noch von dessen Blickfeld bestimmt wird; ganz im Gegenteil, das Subjekt und sein Blickfeld hängen immer vom Licht ab, das »da ist«. Denn die Aufklärung oder Erleuchtung kommt immer aus der Mitte oder den Zwischenräumen der Dinge, und die »Disparation« eines Raumes ist immer eine Art Aufklärung oder Erleuchtung. Es ist, als ob das Licht durch die Spalten und Risse der Stadt und ihrer Gebäude einsickere und so die Linien ihres Anderswerdens erleuchte. In ihren Zwischenräumen und nicht wahrnehmbaren Löchern ist *la ville (die Stadt)* deshalb immer virtuell *radieuse (strahlend)*; und daher ist das freie Falten ihres Gewebes immer erleuchtend.

Disparate Vision. Die Falte des Rebstockparks impliziert eine eigene Art architektonischer Vision: Eine Kunst des Lichts und der Sicht, deren Prinzip nicht »weniger ist mehr ist«, sondern »mehr oder weniger als was da ist«. Falten ist die Kunst, etwas nicht Offensichtliches zu sehen, etwas, das noch nicht »da ist«. Denn die durch die Faltenexplosion verworfenen Linien und schrägen Ebenen, deren Oberflächen auf die geneigten Rest-flächen abgelenkt werden, verwandeln sich nicht in »fließende« oder »transparente« Räume. Sie besitzen nicht einmal, was Colin Rowe »phänomenale Transparenz« nennt: Sie passen nicht in einen »piktoralen« Raum, in dem für ein unabhängiges, außerhalb des Rahmens stehendes Auge Licht auf eine Gruppe klar definierter und getrennter Formen fällt. Und dennoch, wenn der Rebstockpark ein von der fließenden modernen Transparenz unterschiedliches Gefühl vermittelt, so nicht dadurch, daß Einheiten zusammengeschlossen und eine Reihe von kitschig kontextualisierenden oder historisierenden Symbolen an ihnen befestigt werden. Die Falte schafft eher eine andere Art von Strömung – den eines Energiestroms, den der begrenzte Raum zu hindern scheint, der in seine

Detail of a complex volumetric fold. This study of the perimeter block typology shows both the figure of the block and the figure of the void space as folding into and then back out of the ground plane.

Detail einer komplexen volumetrischen Falte. Diese Studie eines Randblocktyps zeigt, wie sowohl der Baukörper als auch das ihn umgebende Gelände sich – in Bezug auf die Bodenoberfläche gesehen – tief- und hoch-falten.

Through their dissimilar forms these identical typologies reveal their location within different conditions of the cusp. Below, the commercial block has been reconfigured by two overlapping cusps which subsume the volume entirely. On the right, a commercial block crosses the cusp at the point of inflections of the neutral plane, allowing much of the volume to remain minimally affected by the operation.

jumbled lines and tilted planes of the folding irruption which deflect its surfaces onto its angular remnants do not translate a "free flowing" or "transparent" space. They do not even possess what Colin Rowe called "phenomenal transparency:" they do not fit in a "pictorial" space where light is cast on a complex of "clear and distinct" forms for an independent eye standing outside their frame. And yet if Rebstock has a different feel from a free flowing modern transparency, it is not achieved by enclosing the units and attaching to them a kitsch set of contextualizing or historicizing symbols. Rather the fold creates a different kind of "flow" — the flow of an energy that the bounded space seems to be impeding, that is spilling over into its surroundings, interrupting the calm narrative of its context, and thus opening new readings in it.

The heraldic and emblematic imagery of baroque and mannerist art presents visual enigmas that interconnect images and signs, seeing and reading. What Eisenman calls "the index" is not exactly such an "allegory." And yet it uncovers a "complexity" in things, a complication that is prior to what is given to be seen or read, or that lies "in between" the things that are seen or read: this free region where the visible and the readable implicate one another and the fabric is folded anew. Thus in Rebstock the eye is no longer directed, as in modernism, to an "uncomplicated" and unadorned space where clarity is distinctness; it is no longer shown an

Diese Doppel- und Zwilingsbau-Typen zeigen durch ihre Formunterschiede auch die unterschiedliche Topographie ihrer Standorte innerhalb des spitzwinkligen, gebogenen Baugeländes an. Beim links gezeigten Bau, einem der Bürogebäude, überlappen sich zwei spitzwinklige Gebäudeteile, und beide nehmen an dieser Stelle den gleichen Raum ein, während sich beim rechten Bautyp die spitzen Faltenbrüche in der Mitte des Komplexes befinden, wo auch eine Bodenfalte vorhanden ist. Hierdurch bleibt ein Großteil des Gebäudevolumens von der Faltung unberührt.

Umgebung überfließend das ruhig Erzählerische des Kontexts unterbricht und so neue Lesarten eröffnet.

Die heraldische und sinnbildliche Darstellung in der barocken und manieristischen Kunst gab visuelle Rätsel auf, welche die Bilder mit den Zeichen und das Sehen mit dem Lesen verbanden. Was Eisenman »Index« nennt, hat mit diesen Allegorien direkt nichts zu tun. Und dennoch deckt er eine Komplexität in den Dingen auf, eine Komplikation, die noch vor den Dingen liegt, die gesehen oder gelesen werden können oder »zwischen« den Dingen, die gesehen oder gelesen werden: Diesen freien Raum, in dem das Sichtbare und Lesbare ineinander impliziert sind und das Gewebe erneut gefaltet wird. Deshalb ist das Auge im Rebstockpark nicht mehr wie in der Moderne auf einen »unkomplizierten«, schmucklosen Raum gerichtet, wo Klarheit Eindeutigkeit bedeutet. Es wird ihm nicht länger eine »Illumination« und die reine Funktion der Struktur gezeigt, so daß jegliche Interpretation unmöglich wird. Dem Auge wird jedoch auch keine Sammlung von Anspielungen auf die Tradition gezeigt; seine Auslegung ist nicht historizierend. Eher verkompliziert der Rebstockpark den Raum, in dem die Formen ansonsten frei schweben würden, und dringt auf diese Weise, nicht bemerkte Implikationen entfaltend, in das Grundstück ein. Es ist die Idee des Index einer eher diagramma-tischen als programmatischen oder nostalgischen Auslegung des Geländes – eine Licht ausstrahlende »Disparation« inmitten der Dinge.

"illumination" of structure and use so "pure" that all reading would be eliminated. But the eye is not shown a cluster of allusions to tradition, and its reading is not an historicist one. Rather Rebstock "complicates" the space in which forms might otherwise freely flow, and so "intrudes" into its site, unfolding unnoticed implications. Rebstock works thus as an "index" that points to a "diagrammatic" rather than a "programmatic" or "nostalgic" reading of the site — an illuminating "disparation" in the midst of things.

The "vision" of modernism meant a *replacement* of what was already there; the "vision" of contextualism meant an *emplacement* with respect to what was already there. What Rebstock would give to be seen is rather a *displacement* or "un-placing," that would be free and complex, that would instigate without founding, and that would open without prefiguring. And it is just when vision becomes multiple, complicating, and "perspectival" in this way that Hermes becomes nomadic, inhabiting the intervals and the midst of things, rather than carrying messages from one place — or one master — to another. No longer content to simply reestablish the "hermeneutic" places, sites, or contexts of messages, Hermes creates his own space, his own lines of flight, or creative divergences, rather like *le pli* which can refer to the envelope in which a message is sent — something which, of course, facsimile transmission dispenses with.

Urban Electronics. Rebstockpark is to be the first thing one sees heading from the airport for downtown Frankfurt which is now announced by the Helmut Jahn tower — a new gateway to the city. Once the home of a great critical-philosophical school, Frankfurt has become a kind of "museum capital" of the *Wirtschaftswunder* — museum and capital having discovered a new type of interconnection and, with it, a new type of architecture. Site of a former Lufftewaffe airport, a *tabula* that was literally *rasa* by the War, (and that neither client nor architect finds worth "recalling" in the project), the Rebstock plot is now, in the post and post-post war period, internationally noted for its proximity to the site of the annual Frankfurt book fair. One implication of the Rebstockpark fold is then the way in which it supplies a sort of contortionist vision of the whirl of this post-industrial capital of the *Wirtschaftswunder*.

Among the vectors that have transmogrified urban space, those of transport and transmission have performed a key role: in some sense it is the automobile

Die Vision der Moderne zielte auf den Ersatz (*replacement*) des schon Bestehenden; die Vision des Kontextualismus zielte auf dessen Einbettung (*emplacement*). Der Rebstockpark muß als eine Verschiebung (*displacement* oder *un-placement*) gesehen werden, die frei und komplex ist, etwas anfängt, ohne zu gründen, und öffnet, ohne zu determinieren. Dies geschieht gerade dann, wenn die Vision sich vielfältig, komplizierend und »perspektivisch« gestaltet, so daß Hermes zum Nomaden wird, der eher in den Zwischenräumen oder inmitten der Dinge wohnt, als Nachrichten von einem Ort – oder einem Herrn – zu einem andern zu tragen. Nicht länger damit zufrieden, die »hermeneutischen« Räume, Orte oder Nachrichtenhintergründe einfach wiederherzustellen, schafft Hermes sich seinen eigenen Raum, seine eigenen Flugbahnen oder kreativen Divergenzen, so wie *le pli* sich auf den Umschlag, in dem die Nachricht verschickt wird, beziehen kann – der mit der Faksimile-Übertragung per Telefax natürlich überflüssig wird.

Urban Electronics. Der Rebstockpark gehört zum ersten, was man von Frankfurt, das jetzt durch das neue Hochhaus von Helmut Jahn angekündigt wird, vom Flughafen kommend zu Gesicht bekommt – ein neues Stadttor. Einstmals Sitz einer kritisch-philosophischen Schule, wurde Frankfurt zum Finanzzentrum und später zu einer Art »Museumskapitale« des Wirtschafts-wunderlandes. Das Museum und das Kapital haben neue Verbindungspunkte zu einander und daher auch zur Architektur entdeckt. Als ehemaliger Luftwaffen-flughafen, eine *tabula*, die im Krieg sprichwörtlich *rasa* wurde (was weder der Bauherr noch der Architekt für Wert erachten, im Projekt zu vergegenwärtigen) ist das Rebstockparkgelände seit der Nachkriegszeit inter-national bekannt wegen seiner Nähe zum Gelände der alljährlich stattfindenden Frankfurter Buchmesse. Eine Implikation der Rebstockparkfalte liegt darin, daß sie eine verzerrte Sicht vom Wirbel und Trubel in dieser postindustriellen Kapitale des Wirtschaftswunders wiedergibt.

Unter den Vektoren, die den städtischen Raum gänzlich umgestaltet haben, spielen der Verkehr und die Kommunikationstechnik eine Schlüsselrolle: In gewissem Sinne waren es das Auto und das Flugzeug, die das rationale Raster und die radiale Stadt der industriellen Revolution entweder vollkommen zerstört oder auf jeden Fall verkompliziert haben. Solche Prozesse bilden den Ausgangspunkt für die Analysen des Städtebauers und Philosophen Paul Virilio, der wie

View of the competition site
looking east along the east-west
cusps.

Ansicht des
Wettbewerbsgeländes nach Osten
entlang der Ost-West-Krümmung.

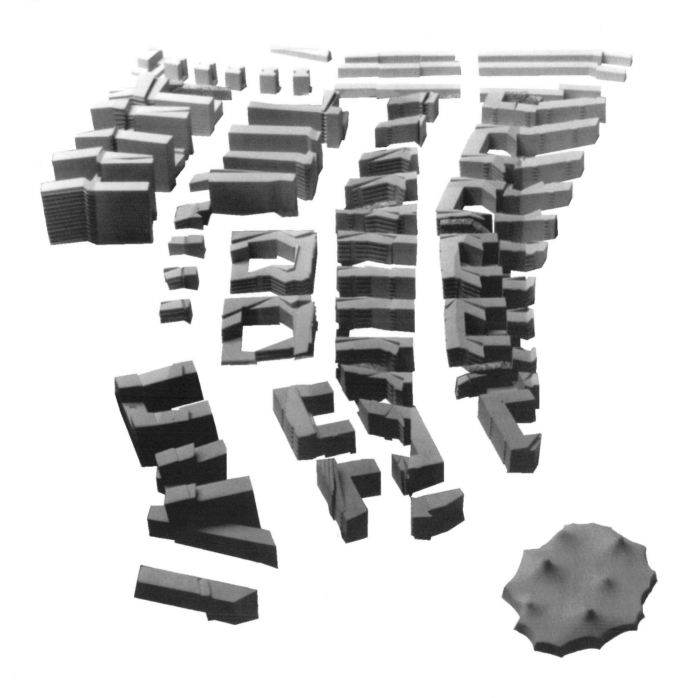

and the airplane that killed or complexified the rational grids and the radial city of 19th-century industrialism. Such processes supply the starting point for the analyses of the urbanist and philosopher Paul Virilio who, like Peter Eisenman, thinks that to understand the complexities of the city, we must depart from a "static urbanism" and view the city instead in terms of the movement, rhythm, and speed — in a word, the "timespaces" — that the various modes of transport and transmission make possible.

Along such lines Virilio proposes to analyze the intrusion into the urban environment of a "timespace" rooted in electronic technology — spread out yet interconnected through the likes of facsimile transmission, and closely tied to the finance capital with which the Rebstock development is linked in so many ways. The result is what Virilio calls "the overexposed city". But if this "overexposed" city is unlike the "collage" city brought about through the transformations of 19th-century industrialism, it is because its complexity is not so much that of a Lévi-Straussian *bricolage* of distinct elements as that of a Deleuzian texture or interweaving of disparities. The "overexposed city" is an intensive or explosive city, not a gridded one — a city in which incessant "movement" is prior to the apparent immobility of traditional place or planned space.

Philosophers of science once debated what it meant to "see" electrons, and whether such "theoretical entities" were real or only inferred. Today everyone tacitly counts them as real because without ever seeing them, one nevertheless can only "inhabit" the space which their ever miniaturized and transportable manipulation makes possible — a manipulation that is becoming more direct, interactive or "live." Towards this space, which "exposes" the city and to which it is "exposed," Virilio adopts the critical attitude which he calls "non-standard analysis." In the Rebstock project, Eisenman seems to adopt what might be called an attitude of "perplectic" analysis. For there is a sense, at once spatial and historical, in which the Rebstock site is "framed" by the railway and the highway lines that lead into the City, where museums now cluster about the old river Main which the Franks proverbially crossed. By contrast, the electronic space in which we move and make moves "exposes" the city to something that can no longer be read as a structuring or framing network, no longer seen through the materials and locations that realize it. For it is in itself invisible and unlocalizable; it no longer requires the sort of physical displacements that

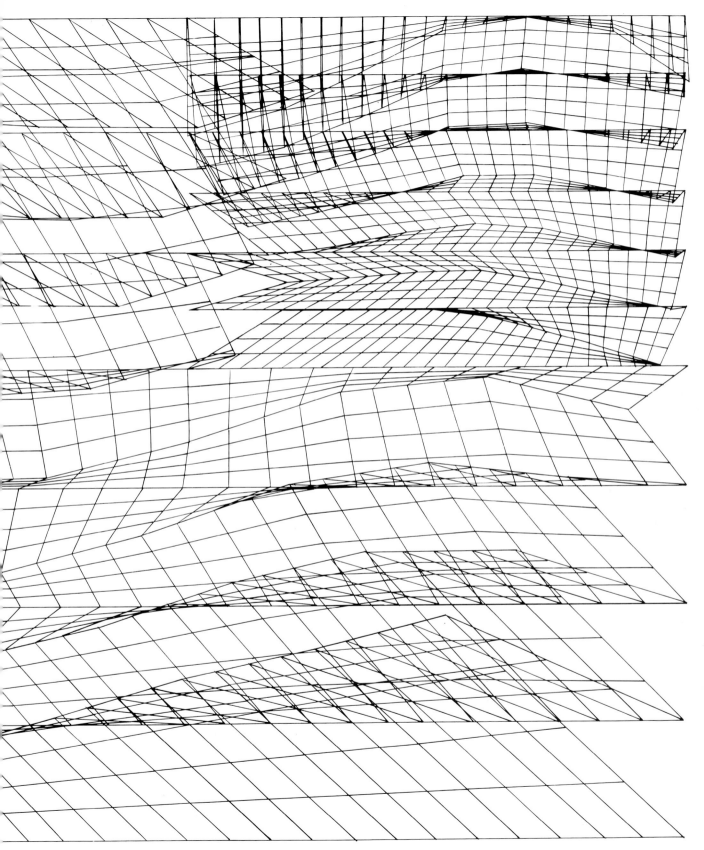

The folding of the competition site continues, at a larger scale, onto the Rebstockpark site. Both sites become interwoven with fragments of the context subsumed by the continuity of the fold. As a consequence, objects on and around the site become folded into the perimeter of the site. When information is collected into a fold from the places where it overlaps territory next to the site, that same information appears on the opposite adjacent surfaces of the fold, the information now reconfigured and located inside the formal boundary of the park site.

Die Faltung des Wettbewerbsgeländes setzt sich in größerem Maßstab im Rebstockpark fort. Beide Gebiete sind mit Fragmenten aus dem Umfeld durchsetzt und werden durch die Kontinuität der Falte – der Bodenwelle – zusammengefaßt. Daraus folgt, daß Gegenstände in- und außerhalb des Geländes in dessen Rand mit eingefaltet werden. Wenn eine Information von außerhalb des Geländes in die Falte an den Stellen eingebracht wird, wo sie »überschwappt«, setzt sich diese Information in den Randgebieten des Geländes fort und erscheint hier verwandelt und neu einbezogen in die Formgebung der Rebstockpark-Anlage.

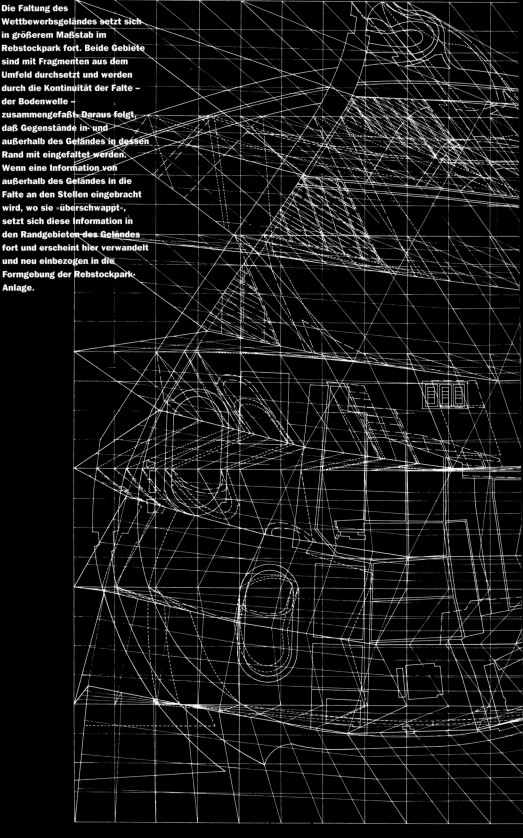

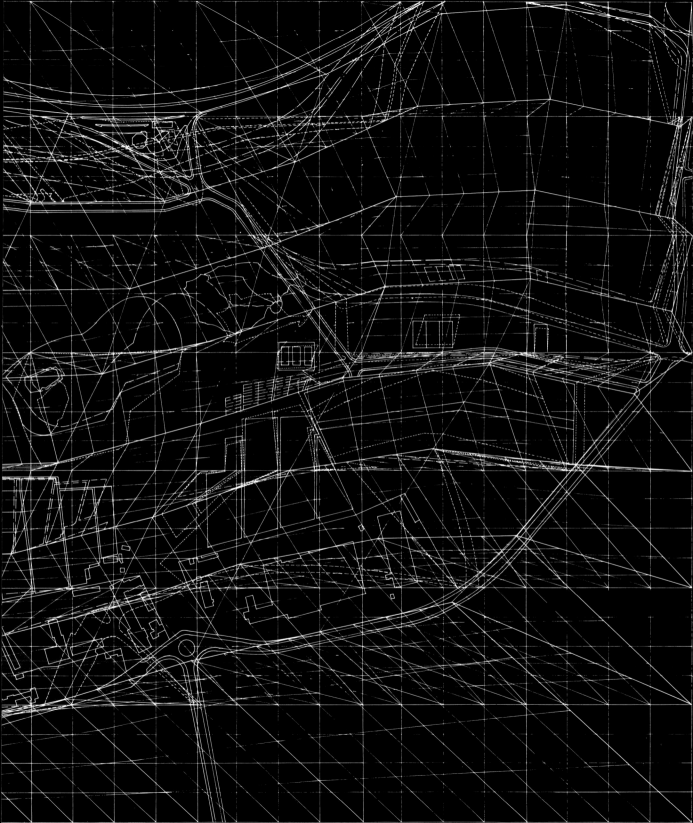

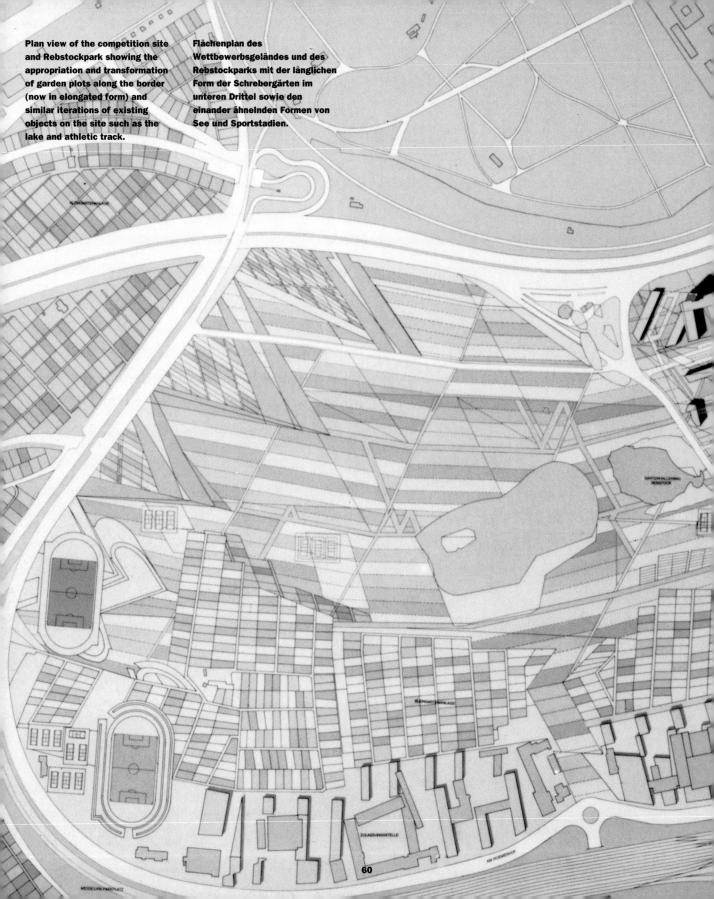

Plan view of the competition site and Rebstockpark showing the appropriation and transformation of garden plots along the border (now in elongated form) and similar iterations of existing objects on the site such as the lake and athletic track.

Flächenplan des Wettbewerbsgeländes und des Rebstockparks mit der länglichen Form der Schrebergärten im unteren Drittel sowie den einander ähnelnden Formen von See und Sportstadien.

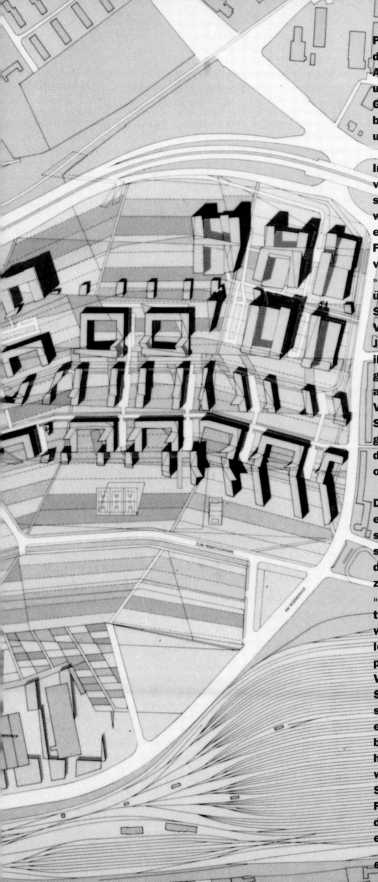

Peter Eisenman glaubt, daß wir, um die Komplexitäten der Stadt zu verstehen, vom »statischen Städtebau« Abschied nehmen müssen und die Stadt stattdessen unter dem Gesichtspunkt von Bewegung, Rhythmus und Geschwindigkeit, in einem Wort den »Zeiträumen«, betrachten sollten, die die verschiedenen Transportarten und Transmissionsverfahren ermöglichen.

In diesem Sinne schlägt Virilio vor, das in der Elektronik verwurzelte Vordringen eines »Zeitraumes« in den städtischen Raum zu analysieren. Die »Zeiträume« sind weit verstreut und doch miteinander verbunden, wie etwa durch die Faksimileübermittlung, und eng mit dem Finanzmarkt verknüpft, zu dem das Rebstockparkprojekt viele Beziehungen hat. Das Ergebnis ist, was Virilio die »überbelichtete Stadt« nennt (*overexposed city* – auch überexponierte Stadt). Aber wenn diese »überbelichtete« Stadt im Gegensatz zur »Collage City« als Folge der Veränderungen durch den Industrialismus des 19. Jahrhunderts entstanden ist, dann aus dem Grund, daß ihre Komplexitäten weniger mit der *Bricolage* klar getrennter Elemente eines Levi-Strauss zu tun haben, als vielmehr mit der Deleuze'schen Textur oder dem Verweben von Ungleichheiten. Die »überbelichtete Stadt« ist eine intensive und explosive Stadt, nicht eine gerasterte – eine Stadt, in der die stetige Bewegung vor der offenbaren Unbeweglichkeit des traditionellen Ortes oder geplanten Raumes kommt.

Die Philosophen der Naturwissenschaft diskutierten einst, was es bedeute, Elektronen zu »sehen« und ob solch theoretische Größen real oder nur angenommen seien. Heutzutage setzt man stillschweigend voraus, daß sie real sind. Denn ohne Elektronen jemals gesehen zu haben, kann man nicht umhin, den Raum zu »bewohnen«, der durch ihre immer kleiner und transportabler werdende Manipulation möglich gemacht wurde – eine Manipulation, die immer unmittelbarer und lebendiger wird. Gegenüber diesem Raum, der die Stadt preisgibt und dem die Stadt preisgegeben ist, nimmt Virilio eine kritische Position ein, die er als »Nicht-Standard-Analyse« bezeichnet. Im Rebstockparkprojekt scheint Eisenman eine Position zu beziehen, die man als einen Standpunkt der »perplektischen« Analyse bezeichnen könnte. Denn man spürt, räumlich und historisch zugleich, daß der Rebstockpark eingerahmt wird von den Bahngleisen und der Autobahn, die in die Stadt führen, in der Museen sich jetzt am Main, den die Franken sprichwörtlich überquert haben, zusammendrängen. Im Gegensatz dazu wird die Stadt durch den elektronischen Raum, in dem wir uns bewegen und den

61

provided the sense of mobility and congestion, captured in the progressivist and futurist imagination.

The energy of Rebstock is thus not a directional "dynamism" racing towards a sleek new future, but belongs rather to a sort of irruptive involution in space. It is this multilinear nondirectional energy that serves to take one out of the traditional gridded city. Rebstock gives neither a "futuristic" nor a "nostalgic" sense of our electronic moment but rather an "actualistic" one. Its attitude to the new electronic technologies is not rejection, nor nostalgia, nor the manic embrace of a California cybercraze. It is rather an attitude of this perplexity of the multiple "elsewhere" that the technologies introduce into our ways of inhabiting spaces. Rebstock is not about the arrival of a new technological order any more than it illustrates the postmodernist sense that nothing can happen any more, that all that will be already is, as though history had come to an end in the self-satisfaction of the health-club or the shopping mall. It is rather about this implicating, explicating, replicating energy that is always escaping or exceeding the space and the locale in which it is implanted, introducing a distance that allows one to look back upon the gridded or collage city with the same mixture of nostalgia and horror with which one once looked back from it to the country.

Perhaps one might thus speak of a new relation between architecture and technology. The Bauhaus sought to display in architecture the pre-electronic industrial engineering that had made possible a new program of "rational" building and construction — artist and engineer joining in the new figure of the architectural *Gestalter*. But "post-industrial" electronic technology shows itself architecturally in a different manner: in terms of a free excess in formal variation that still remains compatible with structure and use and that is made possible by invisible means. It is shown in an exuberant detachment of form, in the sort of contortions between the random and the regular which electronic modeling makes possible. Thus from the Bauhaus aesthetic of geometric abstraction one passes to the electronic aesthetic of "free" abstraction, where an intensive line goes "all over" released from its subordination to the grid — a passage from formal juxtaposition to *informel* smoothing-out of the sort that Deleuze associates with Klee rather than Kandinsky in the points, lines, and inflections of the Bauhaus painters.

wir bewegen, einer Sache ausgesetzt, die nicht mehr als ein strukturierendes oder rahmendes Netzwerk, nicht mehr durch die Realität ihrer Materialien oder ihrer Lage gesehen werden kann. Denn der Raum ist selber unsichtbar und nicht lokalisierbar. Er erfordert nicht mehr die Art physischer Verschiebung, die das Gefühl der Mobilität und Überfüllung gab, wie es die progressivistische und futuristische Vorstellungswelt vermittelte.

Die Energie des Rebstockparks ist jedoch nicht die einer zielgerichteten Dynamik, die einer neuen, glatten Zukunft zueilt, sondern sie gehört eher zu einer Art eruptiven Potenzierung im Raum; es ist gerade diese viellinige, nicht zielgerichtete Energie, die einen die traditionell gerasterte Stadt verlassen läßt. Der Rebstockpark gibt uns weder ein futuristisches noch ein nostalgisches Gefühl unseres elektronischen Zeitalters, sondern ein aktualistisches. Seine Haltung gegenüber der neuen elektronischen Technologie ist weder die der Zurückweisung oder der Nostalgie, noch die einer manischen Umarmung des kalifornischen »Cyber-Wahns«. Es ist eher eine Haltung dieser »Perplexität« des vielfältigen »Anderswo«, die die Technologie in unsere Art und Weise, den Raum zu bewohnen, einführt. Im Rebstockpark geht es nicht mehr um das Erscheinen einer neuen technologischen Ordnung und auch nicht um die Illustrierung des postmodernen Verständnisses, daß nichts mehr passieren kann und alles, was sein wird, schon ist, so als sei die Geschichte in der Selbstzu-friedenheit des Fitnessclubs und des Einkaufszentrums zu einem Ende gekommen. Es geht vielmehr um diese implizierende, explizierende und replizierende Energie, die immer den Raum, in den sie eingeführt wird, fliehen und über ihn hinaus sich ausdehnen will, indem sie eine Distanz einführt, die es einem erlaubt, zurück auf die gerasterte Stadt oder collagierte Stadt zu blicken, mit demselben gemischten Gefühl der Nostalgie und des Horrors, mit dem man einst von dort zurück auf das Land geschaut hat.

Vielleicht kann man somit von einer neuen Beziehung zwischen Architektur und Technologie reden. Das Bauhaus versuchte, die vorelektronische industrielle Ingenieurtechnik, die ein ganz neues Programm des rationalen Bauens und der Konstruktion ermöglichte, in der Architektur zu entfalten. Künstler und Ingenieur waren vereint in der neuen »Figur« des architektonischen Gestalters. Aber die postindustrielle elektronische Technologie zeigt sich in Sachen Architektur auf eine andere Weise: in Form des ungehemmten Exzesses der

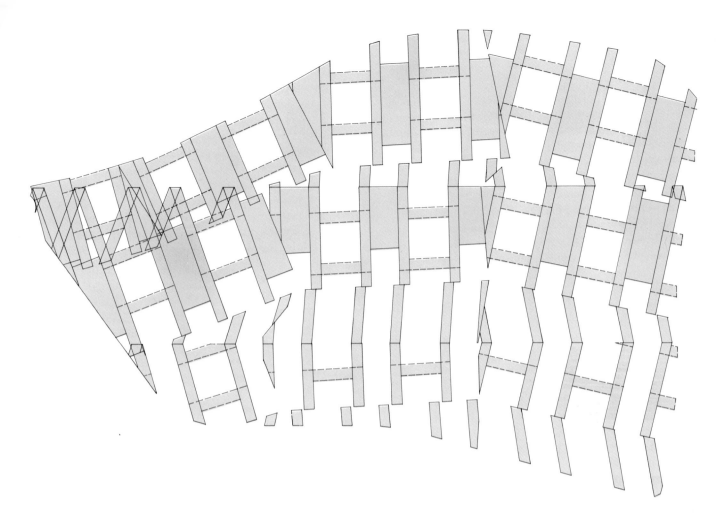

A typological schedule of urban development in Frankfurt — perimeter housing and commercial blocks — merges with the German *Siedlung* type along the east-west cusps of the large folded net overlaying Rebstockpark to form a combined sub/urban category.

Ein typologischer »Fahrplan« für den Städtebau in Frankfurt – Randbebauung und Bürogebäude – verschmilzt mit deutschen Siedlungshaustypen entlang der Ost-West-Krümmung des großen gefalteten Rasternetzes, das dem Rebstockpark zugrundeliegt und ein kombiniertes Vorstadtkonzept bildet.

Metroplex. We thus inhabit the metroplex. There is no completely rational space, no completely adequate place, and the alternative between topia and utopia no longer defines our possibilities. That is why the Rebstock style is neither "international," nor "regional," "elitist," or "populist," but rather moves in a space in between. While it always remains "now-here," it seems to come from "nowhere." For, in the words of Deleuze, while there are folds everywhere, the fold is not a universal design. Rather, singular or new foldings somewhere in the social fabric provide the chance for the emergence of this *peuple à venir,* this "people-to-come," that is no longer identified by a rational space or an adequate place, of which Deleuze declares the architect always has need, even if he is not aware of it.

Deleuze presents the Baroque as marking a moment when the collapse of the old heliocentric *cosmos,* (where man imagined he had his place and his task), gives rise to a decentered perspectival *mundus* (where each monad has a particular point of view on the world that it includes or expresses) — the moment when the traditional separation into two different realms is replaced by a single edifice with two stories, in which there is a "new harmony" between an enclosed interior and an inflected exterior. But our own "foldings" no longer transpire in such a Baroque *mundus* anymore than in an ancient *cosmos;* for, "...the organization of the house, and its nature" have changed. Our manners of coexistence can no longer be held together through the principle of the Baroque house — the greatest or most complex variety in a single "com-possible" world; for the world we inhabit is multiplex. We no longer have — we no longer need to have — the Good Cosmos or the Best World, the illumination of the Form of the Good, or the clarification of the Principles of the Best. Our foldings, our own "mannerisms," have dispensed with the single Best World, turning rather to the complicities and complexities of the disparation through which things diverge into others. Our invention of new "manners" of being comes in response to events that disrupt our contextual frames, complicating things again, introducing new enfoldings, or free spaces of implication. From the Good City and the Best World, we have passed to an intensive cityspace or metroplex, where we are no longer supposed to find the identity of Context or of Reason, of Tradition or of Eternity, but are free instead to practice an art of inhabiting the intervals where new foldings arise to take our forms of inhabitation in new and uncharted directions. And so, in the place of the cosmopolitan or universalist thinker,

formalen Variationen, die mit Struktur und Funktion noch vereinbar bleiben und die durch unsichtbare Mittel machbar werden. Sie zeigt sich in einem üppigen Loslösen der Form, in Verdrehungen zwischen dem Zufälligen und dem Regelmäßigen, die durch die elekronische Formgebung entstehen können. Von der Bauhaus-Ästhetik der geometrischen Abstraktion kommt man deshalb zur elektronischen Ästhetik der freien Abstraktion, wo eine intensive Linie überall hinführt, nachdem sie von ihrer Unterordnung unter das Raster befreit wurde – ein Übergang von der formalen Nebeneinanderstellung zum informellen *smoothing out* (Glätten), in der Art, die Deleuze eher mit Klee assoziiert als mit Kandinsky in den Punkten, Linien und Beugungen der Bauhausmaler.

Metroplex. Wir bewohnen folglich den Metroplex. Es gibt dort keinen völlig rationalen Raum, keinen vollkommen passenden Ort, und die Alternative zwischen Topia und Utopia definiert nicht länger unsere Möglichkeiten. Deshalb ist der Stil des Rebstockparks weder international noch regional, weder elitär noch populär, sondern bewegt sich eher in einem Raum dazwischen. Er bleibt »now-here« (jetzt hier), scheint aber vom »nowhere« (nirgendwo) zu kommen. Denn obwohl nach Deleuzes Worten Falten überall sind, ist die Falte trotzdem keine universelle Methode. Eher ermöglichen einzelne oder neue Faltungen irgendwo im sozialen Gewebe das Entstehen dieses *peuple à venir,* dieses »Volkes-im-Werden«, das nicht länger identifiziert wird durch einen rationalen Raum oder angemessenen Ort und das nach Deleuze der Architekt immer braucht, selbst wenn er sich dessen nicht bewußt ist. Deleuze stellt das Barock als eine Zeit dar, in der der alte heliozentrische Kosmos, in dem die Menschheit ihren Platz und ihre Aufgabe zu haben glaubte, zusammenbrach. Es entstand eine aus ihrem Zentrum verrückte *mundus,* wo jede Monade eine besondere Sichtweise der Welt besaß, die sie einschließt oder ausdrückt – das ist der Augenblick, in dem die traditionelle Teilung in zwei verschiedene Reiche ersetzt wird durch ein einziges Gebäude mit zwei Stockwerken, in dem eine »neue Harmonie« zwischen einem begrenzten Inneren und einem gebogenen Äußeren besteht. Aber unsere eigenen »Faltungen« ereignen sich nicht länger in einem barocken *mundus,* noch in dem alten *cosmos,* denn ».... die Organisation des Hauses und sein Charakter« haben sich verändert. Unsere Art des Zusammenlebens kann nicht länger durch das Prinzip des barocken Hauses zusammengehalten werden – der größten oder komplexesten Vielfalt in einer einzigen zusammengesetzten

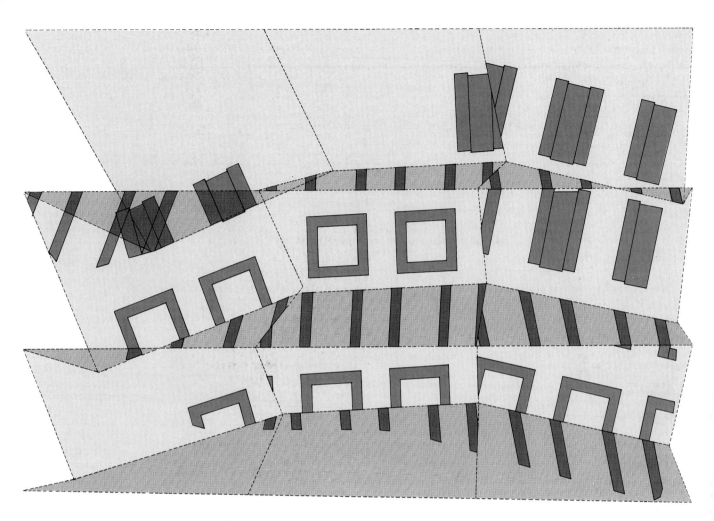

Subdivided by the graining of the larger park site folds as they pass through the competition site, the typologous figures separate and align themselves according to the control surfaces and adjacent cusps of the smaller, folded competition site grid.

Das gröbere Raster des Parkgeländes setzt sich durch das Wettbewerbsgelände fort, und die verschiedenen Bautypen werden gemäß den Kontrollfeldern und angrenzenden Spitzbögen des kleineren, gefalteten Rasters für das Wettbewerbsprojekt angeordnet.

"citizen of the world," there arises a strange new ubiquitous nomadic community of *metroplexed* thinkers, perplectic inhabitants of our contemporary "chaosmos."

Games of Chance. What then is "complexity?" What is "the question" in architecture today? In the drama of philosophy, Deleuze finds the invention of various philosophical protagonists: there is Hume, the Inquirer, or Kant, the Judge at the Tribunal of Reason. In *Le Pli* Leibniz figures as the Defense Attorney of God, a great inventor of "principles" in philosophy — a Jesuitical jurisprudence to account for the incessant emergence of "perplexing" cases. Leibniz was the genius of principles, and the principle of Leibnizian jurisprudence was inclusion in the Best World which God selects, and which, in some sense, we ourselves are "inclined without being necessitated" to select, even though that means that some of us must be damned. Deleuze calls Leibnizian Principles "cries of Reason" in the Baroque world which theology seems to have deserted.

But as we today in our "post-enlightenment" times find a multiple intensive complexity in things prior to the simplicity and totality of compositional elements, the perplexing case — the question — acquires a positive capacity to reframe or recreate our principles, our jurisprudence itself; and there emerges a new type of player in the game of complexities of thought. Deleuze sees Nietzsche as announcing a new protagonist in philosophy, one who starts to play the game in the new way as given by the two Whiteheadean principles that Deleuze makes his own: the abstract or the universal is not what explains but what must itself be explained; and the aim of the game is not to rediscover the eternal or the universal, but to find the conditions under which something new may be created. In our folding, unfolding, and refolding, we no longer inhabit the two-story Baroque house where, on the heights of the windowless walls of the interior, could be heard the elevating reverberations of the cries of Beelzebub below. For complexity no longer occurs within a house governed by the principles of such an "elevating" illumination, but rather becomes a matter of a multiplex play at once within and without the house — of this *pli*, this "folding," which is a matter of an inexplicable Chance, prior to principles, prior to design, yet always virtual in them. The figure of our post-baroque or *informel* complexity is thus a player — the player of the new game of perplication.

The east-west cusps of the competition site then fold the typologies; the resulting configurations assumed by the site figures reveal the locations of the cusps.

Die Ost-West-Krümmungen des Wettbewerbsareals falten dann auch die Bautypen. Die Lage dieser Geländekurven ist aus der Form der Bauten ersichtlich.

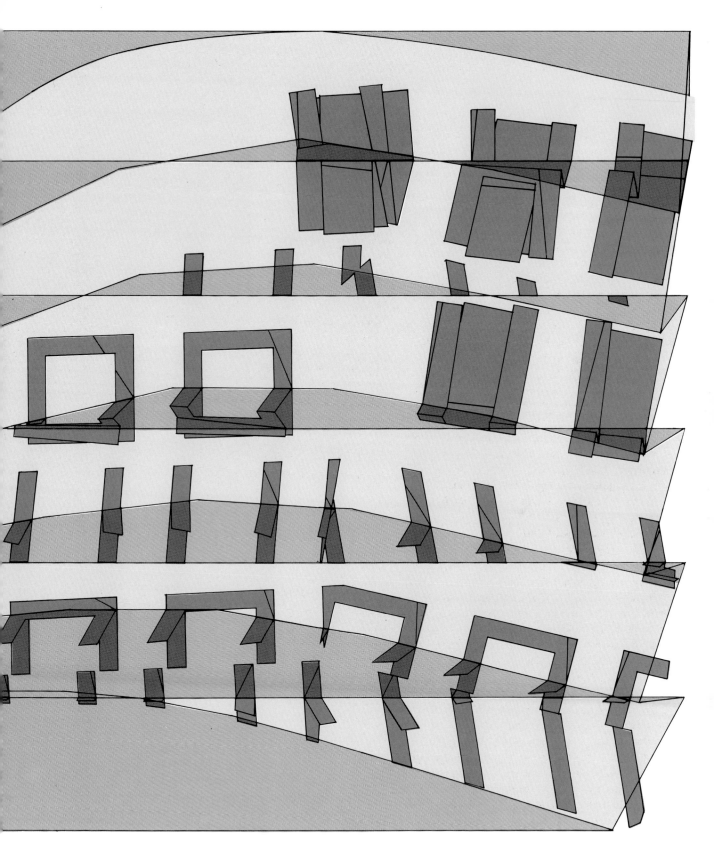

Ground floor plan.   **Lageplan.**

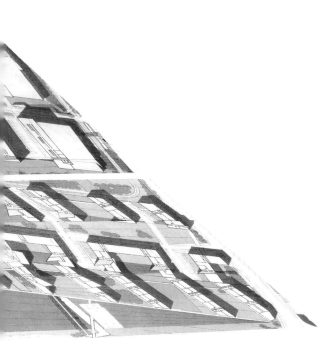

Welt; denn die von uns bewohnte Welt ist vielfältig. Wir haben nicht mehr – wir brauchen nicht mehr – den »Guten Kosmos« und die »Beste Welt«, die Illumination der Form des Guten oder die Klärung der Prinzipien des Besten. Unsere Faltungen, unser eigener »Manierismus«, verzichten auf die Idee einer einzigen »Besten Welt«. Sie wenden sich vielmehr den »Komplizitäten« und Komplexitäten der Disparation zu, durch die die Dinge in andere übergehen; unsere Erfindung einer neuen »Manier« des Seins ist eine Antwort auf Ereignisse, die unseren kontextuellen Rahmen unterbrechen und die Dinge wieder verkomplizieren, indem sie neue Weisen des Einfaltens oder freie Räume der Implikation einführen. Von der »Guten Stadt« und der »Besten Welt« sind wir zum intensiven Stadtraum oder Metroplex gekommen, wo von uns nicht mehr erwartet wird, die Identität von Kontext und Vernunft, Tradition oder Ewigkeit zu finden, sondern wo wir frei sind, die Kunst des Wohnens in den Zwischenräumen zu praktizieren und wo neue Faltungen sich aufwerfen, um unsere Formen des Wohnens in neue und unerforschte Richtungen zu tragen. Und so entsteht anstelle des kosmopolitischen und universalen Denkers, des »Weltbürgers«, eine neue allgegenwärtige nomadische Gemeinschaft von metroplexen Denkern, perplektische Bewohner unseres zeitgenössischen »Chaosmos«.

Glücksspiele. Was ist also Komplexität und was ist die »Große Frage« in der Architektur heute? Im Drama der Philosophie findet Deleuze die Erfindung verschiedener philosophischer Protagonisten: Da gibt es Hume, den Forschenden, oder Kant, den Richter am Gericht der Vernunft. In *Le Pli* hat Leibniz die Rolle des Gottesverteidigers; er wird als großer Erfinder von «philosophischen Prinzipien« und einer jesuitischen Rechtsprechung dargestellt, die das nie versiegende Auftreten von »perplexen« Fällen rechtfertigte. Leibniz war das Genie der Prinzipien, und das Prinzip der Leibniz'schen Rechtsprechung war die Aufnahme in die Beste aller Welten, die Gott auswählt und die wir in einer Weise selbst »geneigt sind auszuwählen, ohne gezwungen zu sein«, selbst wenn das bedeute, daß einige unter uns verdammt werden müßten. Deleuze nennt Leibniz' Prinzipien Schreie der Vernunft in der barocken Welt, die von der Theologie verlassen scheint.

Aber während wir heute in der Zeit nach der Aufklärung eine vielfältige und intensive Komplexität in den Dingen finden, die vor der Einfachheit und Totalität der kompositorischen Dinge liegen, erfordert der perplexe Fall – die Frage – eine positive Fähigkeit, unsere

69

It would seem that Peter Eisenman tries to introduce just this sort of game into architecture and architectural discourse. For, anterior to, yet inseparable from, the requirements of the program, the site, and the space of the drawing plan, Eisenman discovers the play of the Idea or the Question. His architecture plays a game where chance becomes an inextricable part of design, and not something that design must master or eliminate — a game whose object is to maintain the play of chance within the space of design. Deleuze distinguishes two ways of playing the game of chance. Pascal, in his wager, exemplifies the bad way where the game is played according to preexistent categorical rules that define probabilities, and where one calculates gains and losses. The true player (like Nietzsche or Mallarmé) does not play the game in this way. Rather the table itself bursts open and becomes part of a larger, more complex game that always includes the possibility of new rules. To play the game one must, in making each move, affirm all of chance at one. Thus a game of "nomadic" or "smooth" distributions replaces a game of categorical or striated ones; chance itself ceases to be tamed or hypothetical, becoming free and imperative. It is then this free multiplex game of chance that the Rebstock Fold tries to play in urban and architectural space.

The Baroque Fold, for Deleuze, is unlike the Oriental Fold which weaves together or com-plicates empty and full spaces, voids and presences. For in the Baroque, "holes" are only the indication of more subtle foldings, the principle being that there are no voids, that everything is included in a single expressive continuum, that like the principle of the Leibnizian Best, the greatest number of folds fit within the same »com-possible« world. Jacques Derrida once wrote that Leibniz's God, in selecting the Best World, experiences nothing of the anxiety of the Jewish God, who must create out of Nothing, out of the Void. The Baroque plenitude is thus symptomatic of an avoidance of the "pure absence" which a Mallarmean sort of writing would suppose and which would be incompatible with anything like a "built visible architecture in its locality." And yet the free play of chance that Eisenman's Rebstock Fold tries to introduce in design is not a "pure absence" — not a Lack or Void from which everything would have come. It is rather the virtuality in a space of what is "more or less than what is there," of something that exceeds the space and that it cannot integrally frame. As Deleuze remarks "...to speak of the absence of an origin, to make the absence of an origin the origin

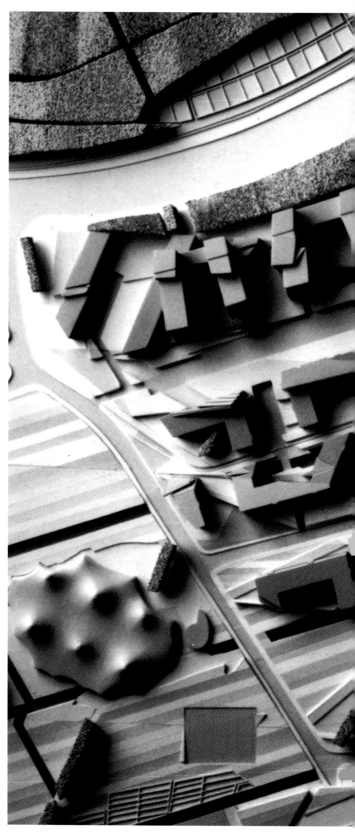

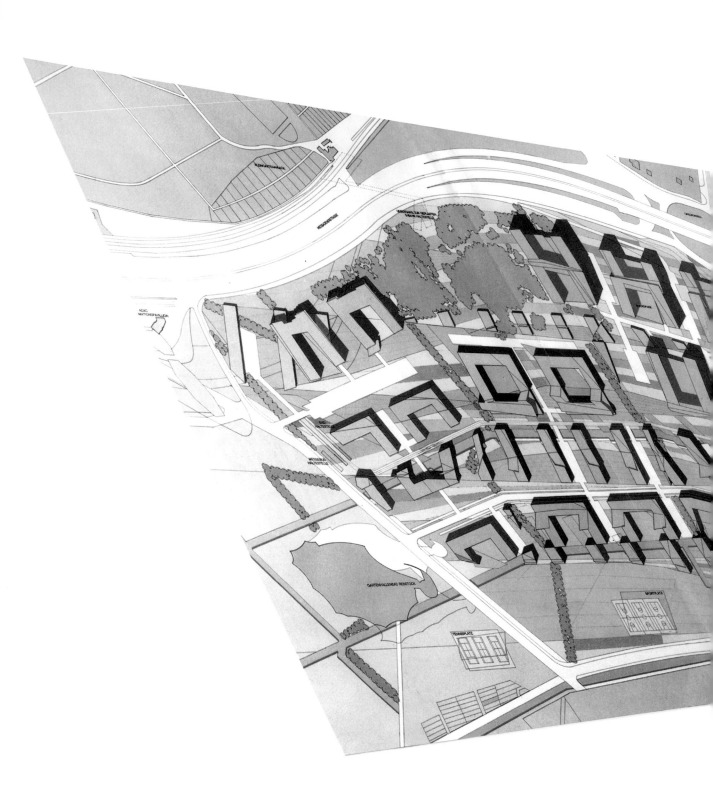

Site plan.   Flächenplan.

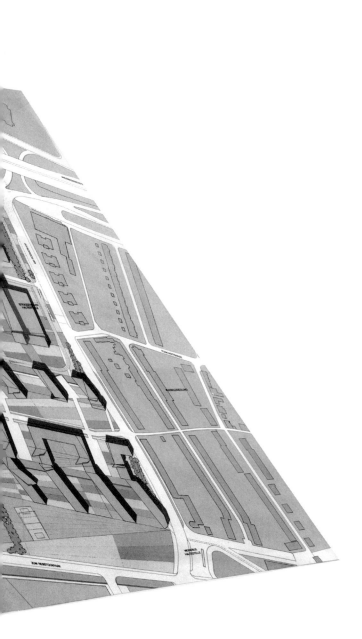

Prinzipien und unsere Rechtsprechung neu zu rahmen oder neu zu erschaffen; und hier erscheint eine neue Art Spieler im Spiel der Denk-Komplexitäten. Deleuze sieht in Nietzsche den Verkünder eines neuen Gegenspielers in der Philosophie, der das Spiel in der Art der zwei Whitehead'schen Prinzipien, die Deleuze zu den seinen macht, neu zu spielen beginnt: Das Abstrakte und das Universelle erklären nichts, sondern müssen selbst erklärt werden. Das Ziel des Spieles besteht nicht im Wiederentdecken des Ewigen oder Universellen, sondern im Auffinden der Bedingungen, unter denen etwas Neues geschaffen werden kann. In unserem Falten, Entfalten und Wiederfalten bewohnen wir nicht mehr das zweigeschossige Haus des Barocks, wo man auf der Höhe der fensterlosen Innenwände die von unten heraufhallenden Schreie Beelzebubs vernehmen konnte. Komplexität tritt nicht mehr in einem Haus auf, das von den Prinzipien solcher »in die Höhe gesandter« Erleuchtungen regiert wird; es wird eher eine Angelegenheit eines vielfältigen, gleichzeitig außerhalb und innerhalb des Hauses stattfindenden Spiels – eine Sache des *pli*, dieser »Faltung«, die eine Sache des unerklärbaren Zufalls ist, der vor den Prinzipien und vor dem Entwurf kommt, aber immer virtuell in ihnen enthalten ist. Die Figur unserer post-barocken oder informellen Komplexität ist deshalb die eines Spielers im neuen Spiel der Perplikationen.

Es sieht beinahe so aus, als ob Peter Eisenman gerade diese Art des Spiels in die Architektur und den architektonischen Diskurs einzuführen versucht. Denn den Erfordernissen des Programms, des Geländes und des Platzes auf dem Zeichenbrett vorausgehend, jedoch untrennbar von ihnen, entdeckt Eisenman das Spiel der Idee oder der Frage. Seine Architektur spielt ein Spiel, in dem der Zufall ein unabdingbarer Teil des Entwurfs wird und nicht etwas ist, das der Entwurf meistern und eliminieren muß. Der Sinn dieses Spiels ist es, das Spiel des Zufalls innerhalb des Entwurfsraumes zu halten. Deleuze unterscheidet zwei Arten, das Spiel des Zufalls zu spielen. Pascal führt in seiner Wette die schlechte Art des Spielens vor. Das Spiel wird dort nach schon existierenden kategorischen Regeln gespielt, die Wahrscheinlichkeiten definieren. Gewinn und Verlust werden gegeneinander aufgerechnet. Der echte Spieler (wie Nietzsche oder Mallarmé) spielt nicht auf diese Weise. Eher bricht der Spieltisch selbst auseinander und wird Teil eines größeren und komplexeren Spiels, das immer die Möglichkeit zu neuen Regeln enthält. Um dieses Spiel zu spielen, muß man bei jedem Zug alle Möglichkeiten in Betracht ziehen. So ersetzt das Spiel

is a bad play on words. A line of becoming has only a midst...." In the perplication game, untamed chance is not a place — not even a void or absent place — but rather the virtual space of the free line in the midst of things.

The supposition of the game in Eisenman's perplicational architecture is thus not "absence" but "weakness" — the complex chance of a space to be folded, unfolded and folded again. And it is in this sense that Rebstock remains a "full" space — it is "full" because it is weak, or is "filled by" its weakness. For the Fold, which fills up the space, is at the same time what takes the space out of itself, bursting it open and "smoothing" it out, releasing an intensive energy that is

der »nomadischen« oder »glatten« Verteilungen das Spiel »kategorischer« und »gefurchter«. Der Zufall selbst hört auf, gezähmt und hypothetisch zu sein, und wird frei und imperativ. Es ist genau dieses freie und vielfältige Spiel des Zufalls, das die Falte des Rebstockparks im städtischen und architektonischen Raum zu spielen versucht.

Die barocke Falte ist für Deleuze nicht gleich der orientalischen Falte, die leere und volle Räume, Lücken und Vorhandenes miteinander verwebt und »kom-pli-ziert«. Für das Barock sind »Löcher« nur Anzeichen für feinere Faltungen, und das Prinzip besteht darin, daß es keine leeren Räume gibt und alles in einem einzigen expressiven Kontinuum enthalten ist, so wie in Leibniz' Prinzip der »Besten Welt« die größte Anzahl von Falten in ein und derselben umfassenden Welt Platz haben. Daher schrieb Jacques Derrida einst, daß Leibniz' Gott bei der Auswahl der »Besten Welt« nichts von der Angst des jüdischen Gottes erfährt, der aus dem Nichts, aus der Leere kreieren muß, und daß der barocke Überfluß deshalb symptomatisch für das Vermeiden der »reinen Abwesenheit« ist, das ein an Mallarmé orientiertes Schreiben voraussetzen würde und unvereinbar wäre mit einer »an ihrem Ort gebauten, sichtbaren Architektur«. Und trotzdem ist das freie Spiel des Zufalls, das Eisenmans »Rebstockfalte« ins Entwerfen einzuführen versucht, kein »reines Abwesendsein« – nicht Leere oder Abwesenheit dessen, von dem alles gekommen wäre. Es ist eher die Wirklichkeit dessen im Raum, was »entweder mehr oder weniger ist, als was da ist«; dessen, was die Grenzen des Raumes überschreitet und nicht völlig umrahmt werden kann. Wie Deleuze bemerkt »...vom Abwesendsein des Ursprungs zu sprechen, die Abwesen-heit des Ursprungs zum Ursprung zu machen, ist ein schlechtes Wortspiel. Die Entstehungslinie hat nur eine Mitte...« Im Spiel mit den Perplikationen ist der ungezähmte Zufall kein Ort, nicht einmal ein leerer oder nicht vorhandener Raum, sondern eher der virtuelle Raum der freien Linie in der Mitte der Dinge.

Die Voraussetzung des Spiels für Eisenmans per-plikatorische Architektur ist deshalb nicht »Abwesen-heit« sondern *Weakness* – die komplexe Chance des Raumes, gefaltet, entfaltet und wieder gefaltet zu werden. Und in diesem Sinne bleibt der Rebstockpark ein voller Raum – er ist voll, weil er gefüllt ist mit seiner *weakness*. Denn die Falte, die den Raum füllt, nimmt den Raum auch im selben Moment aus sich selbst heraus, ihn aufsprengend und aufweichend, eine intensive Kraft ausstrahlend, die weder theologisch, noch mystisch,

neither theological nor mystical, neither Baroque nor Oriental, neither elevating nor quieting. Rebstock is rather "full with" a "distantiation," an unsettling question that clears out a space, offering the chance of a complex repetition or a free divergence. And so, it fills its space in a manner different from the Baroque and from the checkered pattern of voids and presences defined by the modern slab or *Siedlung* — the intervals through which a new *lumière* peers from an intensive depth prior to figure and ground, with a diverse complication that spills over into history and context with a perplexing tension. That is what Eisenman calls "presentness." Presentness is the splendor of the fold in the house that we have come to inhabit, where the game of creation is played not *ex nihilo* but *ex plicatio.*

weder barock noch orientalisch, weder erhebend noch beruhigend ist. Der Rebstockpark ist eher »voll von einer Distanzierung«, erfüllt von verwirrenden Fragen, die den Raum ausräumen und die Möglichkeit zu einer komplexen Repetition oder freien Divergenz eröffnen. Und so füllt er den Raum in einer anderen Weise als das Barock oder das Schachbrettmuster aus Lücken und Massen, wie es vom modernen Block oder von der Siedlungsarchitektur definiert wird – durch die Zwischenräume, durch die ein neues Licht (*lumière*) von einer intensiven Tiefe durchbricht, die Figur und Grund vorausgeht, mit einer mannigfaltigen Komplikation, die mit einer verwirrenden Spannung in die Geschichte und die Umgebung ausstrahlt. Das nennt Eisenman »Gegenwärtigkeit« (*presentness*). Gegenwärtigkeit ist der Glanz der Falte im Haus, das wir zu bewohnen kamen, wo das Spiel der Gestaltung nicht *ex nihilo,* sondern *ex plicatio* gespielt wird.

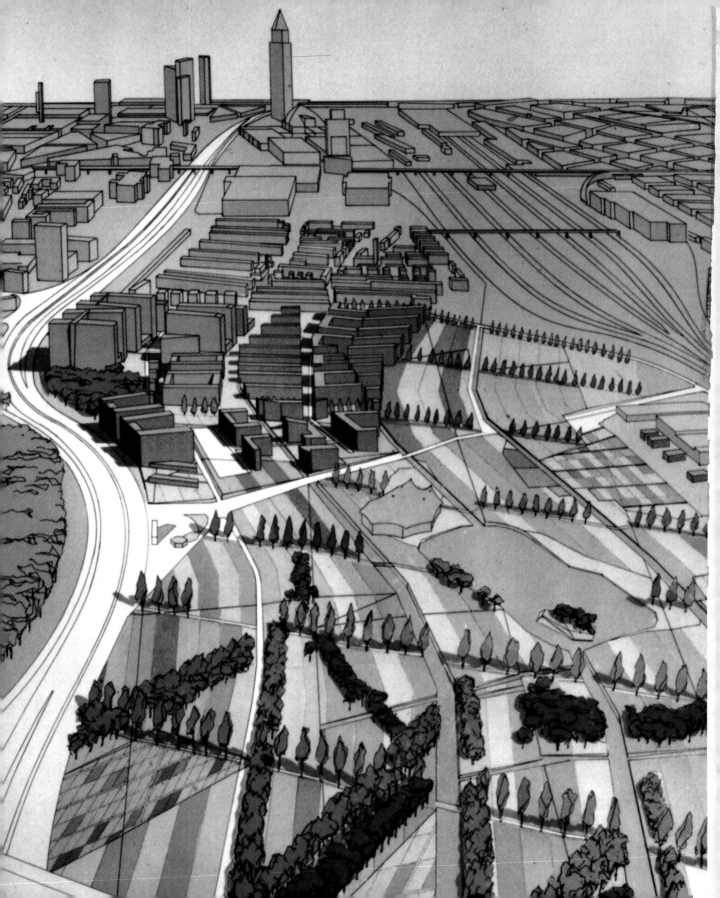